AF275907

Egon Schiele
El erotismo, la muerte y el diablo

Juan Francisco Pastor Paris

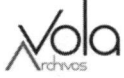

Vola
Archivos

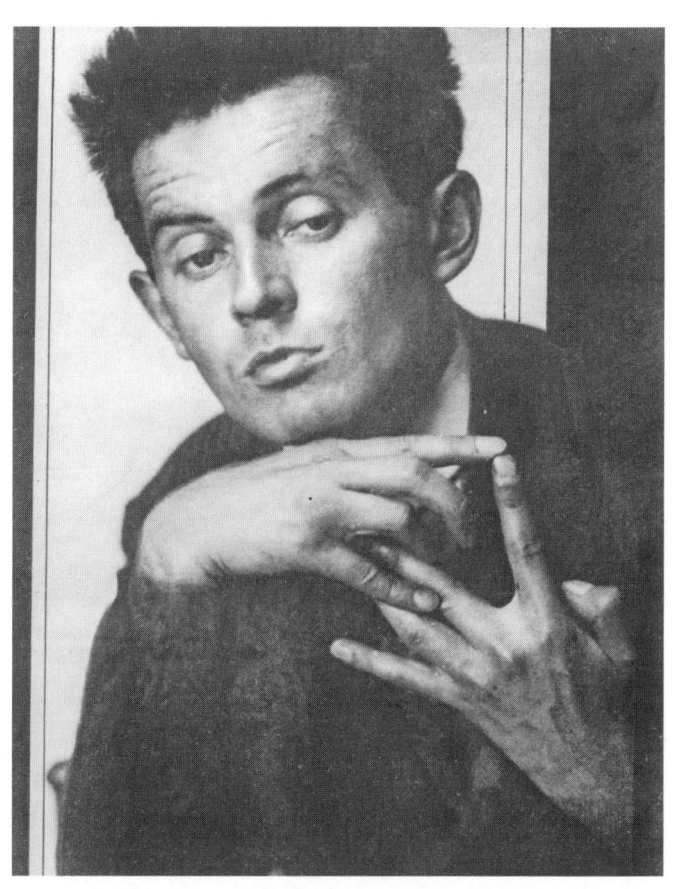

EGON SCHIELE
(1890, Tulln an der Donau - Viena, 1918)
retratado en 1914

EGON SCHIELE
EL EROTISMO, LA MUERTE Y EL DIABLO

Hace un par de días, terminando una relectura de los *100 Aforismos* de Franz Marc, me vino a la cabeza un aforismo de otra pluma distinta, la de Lichtenberg. En concreto aquel en que hablaba sobre la vida y las dos formas de prolongarla. Según el alemán, la primera consiste en distanciar al máximo uno de otro los dos puntos del nacimiento y la muerte. Ya en su época se estaban inventando tantas máquinas y objetos que, si nos limitásemos sólo a verlos, difícilmente se podría creer que sirvan para otra cosa que para hacer más largo el camino… La otra vía consiste en caminar más lentamente, dejando los dos puntos extremos donde Dios quería que estuviesen. Estamos ante la vía de los filósofos, aquellos que han descubierto que es mejor caminar en zigzag, herborizando, intentando saltar aquí un foso y luego más allá, donde nadie lo vea, dar una voltereta.[1]

Ángel González tenía costumbre de citar a Lichtenberg mientras teorizaba que, de igual modo, quizá podríamos decir que en la contemporaneidad hay dos clases de artistas: los que marchan suave y resignadamente hacia su término y los que toman caminos extraviados; los que siguen el curso de las cosas y los que se resisten; los que pierden el tiempo y los que lo ganan.[2] He aquí de nuevo el tiempo… Máximo agente de terror y motor sombrío de ese *Zeitgeist*, tan expresionista. Quienes se dejan llevar por el tiempo acaban por caerse del tiempo. Éste los atraviesa un instante fugaz, violador, previo al abandono.

Tal vez el conflicto sea otro, aunque tenga que ver con todo ello. ¿De qué están hechas las cosas, y no sólo las de arte, sino de tiempo? La liza se gesta entre aquello que se le resiste y aquello que se le somete, decía Ángel. Aquello que, soportándolo, recibe una marca y constituye su soporte, frente a lo que no conserva huella alguna de su paso. Creadores que no caminan lentamente sino que parecen volar contrarreloj, copulando con el *Zeitgeist* mientras plasman el motor de la existencia lo más rápido posible, antes de ser devorados. Puede que ésa sea una de las diferencias entre el filósofo y el artista.

Nunca el punto del nacimiento estuvo tan lejos de la muerte y nunca comenzó tan pronto la caída para algunos. Tiempo suficiente para alcanzar el éxito, tiempo para perderlo e incluso recobrarlo, cuando ya apenas queda arena en el reloj. El tiempo, cual diosecillo pequeño y rencoroso, detesta y castiga por igual a los que han sido bendecidos por la fortuna y a los que fueron condenados al infortunio.[3] Porque he aquí que contamos con un buen número de individuos sometidos a su particular versión del conflicto, a su carrera contra el tiempo. Basta mencionar a Rimbaud, Robert E. Howard o el mismo Franz Marc, desaparecido en esa conflagración mundial que tanto anhelaba. Sin embargo, es precisamente pensando en Marc cuando acabo concluyendo que ni siquiera él corrió tanto como Egon Schiele.

Afortunadamente extraviado, confrontando a la máquina de picar carne del tiempo a base de vértigo, Schiele caminaba con premura zigzagueante, saltando entre trincheras y volteando cual palomo, tocado por el *Zeitgeist* de su época y a la vez al margen. Privado de las esclavitudes de Marc, aquel pintor de cervatillos siempre tras la inmolación de las conciencias, Schiele partió de Klimt para luego quebrarle, sin dejar de lado la hiperbólica vitalidad lineal marca de la casa. Su arte áspero terminará de desarrollar un nuevo concepto formal, paradigma del descenso a las profundidades del ser buscando la muerte en la vida y lo feo en la belleza… Un aprendizaje del tiempo que vivía, jugando una partida perdida de antemano contra esa misma fuerza aniquiladora. En este juego la banca gana siempre, no lo olvidemos. Claro que, en ocasiones, basta con correr y marcar.

Visto así, es cierto que se puede entender la vida y obra de Egon Schiele como un paradigma de la celeridad a la búsqueda de algo… Acercándose hasta tocar con las puntas de los dedos aquello que quedaba fuera de alcance. Su precoz ambición artística y su virulento solipsismo juvenil le hicieron confrontar a la sociedad de su época, a la vez que favorecían el desarrollo de su arte. Y lo hacían a tal velocidad que sorprende el terreno que llegó a cubrir antes de que el tiempo y su recadera favorita, la muerte, se cobrasen el premio. Casi podríamos decir que Schiele había vislumbrado su destino final, que no era otro que morir en 1918, cuando contaba con sólo veintiocho años. La gripe española fue la encargada de pasar la factura. Una pandemia como es debido, lejos de las ridiculeces que tanto nos hemos acostumbrado a temer, Covid mediante.[4] Se dijo entonces que había matado más que la batalla de Verdún, donde se dejaron el pellejo muchos expresionistas. Apollinaire también fue otro de los que murieron por esa enfermedad de dudoso origen, que, en su caso, bien mereció el nombre de *española*. Demasiados colegas españoles en su haber. "*Cet Espagnol nous meurtrit comme un froid bref!*", había escrito de Picasso en 1905.[5] Pareciese que ya había imaginado los inminentes excesos del malagueño.

Sea como fuere, la gripe acabó no sólo con Schiele, sino también con su mujer y con el hijo que ésta llevaba en el vientre. Una obliteración absoluta que no pudo tocar el legado del artista, quien había hecho lo que parecía imposible con tan poco margen. El florecimiento de su genio fue tan rápido como turbulento, casi como si estuviese encabalgado en un imperativo categórico personal contra su temprano y funesto destino. ¿Cómo fue posible que un mocoso que gustaba de dibujar trenes alcanzase, apenas inaugurada la pubertad, semejante maestría con el dibujo, el color, la expresión y la forma humana? En su breve existencia reunió una obra copiosa, entre varios centenares de dibujos y acuarelas, aparte de casi trescientos óleos. Cierto es que cuando apenas tenía veinte años su trabajo había gozado de tantas exposiciones que tampoco podemos tener la idea del genio brillante pero fugaz y escaso. Al revés, dado que Schiele mostró de sobra su capacidad para crear un cuerpo de obra artística cuya energía y turbio poder se hacen presentes de forma universal, incluso en nuestra época, tan delicadamente líquida.

Los historiadores del arte podríamos empezar a devanarnos los sesos con la pregunta tópica. ¿De dónde, de qué fuente venía ese poder, esa misma energía casi mistérica? Algo espiritual se cocía, derivando a lo material, a lo tangible y tegumentoso. Algo fuera de las convenciones pictóricas habituales, al encabalgarse en el lado de la vanguardia que dejaba aparte los coqueteos totalitarios y se centraba en esa impagable perversidad a la que uno sólo se podía aproximar buscando *la Verdad*. Sí, con mayúsculas y en cursiva. Como tantos en su día (sean los primeros Kandinsky o Marc en *Der Blaue Reiter*), Schiele tendía a flirtear con el mesianismo y considerar su obra investida por el hálito de la sacralidad. Lo sagrado de nuevo al terreno de juego... Pero si estaba ahí era merced a la poética expresionista, ambigua ella. La belleza que parte de una deformación que no encubre caricatura de lo real, sino aquello que salta de lo bello a lo feo a través de la inversión de significado. Esos magníficos desnudos del *enfant terrible* tienen esa sacralidad expresionista de lo bello, caído y degradado, que conserva su carácter ideal. Pero lo conserva del mismo modo que aquellos ángeles caídos, Satán y sus cohortes, conservaban su carácter sobrenatural: con el signo de lo demoníaco. En Schiele observaremos la caída y degradación del principio espiritual o divino que se sublima con lo material, dando en resultas un doble significado... Sacro y demoníaco a la par.

En la época que le tocó vivir, lo sagrado lo marcaba de nuevo el tiempo y la muerte, la creación y la destrucción. No en vano teníamos a nuestros pies el cadáver de Dios, ya bien descabezado por Nietzsche. Los últimos compases del siglo XIX y los primeros del XX, al igual que todo fin de siglo, tuvieron algo apocalíptico, como de juicio final. En aquellos años, el tiempo barrería con aquel mundo que fue, un mar agostado, merecedor de los suspiros de Zweig y Joseph Roth, en aras de la creación de otro nuevo… Llegaría a su término con tanto ímpetu que sus orillas apenas soportarían ya tantos despojos. Tiempo de mesías, con su Verdad mayestática jugando al escondite. El patio de juegos empezó siendo esa ciudad de Viena que salía decimonónica para hacerse contemporánea, deflagración mediante. Ángeles y demonios atestaban ya entonces sus calles. Unos se alzaban, otros caían y todos bailaban al filo de un universo moribundo.

Porque a finales del XIX Viena constituía la cuarta metrópoli más grande de Europa y era la capital del Imperio Austro-Húngaro, cuyo territorio cubría desde el mar Adriático hasta Ucrania, dando cobijo a millones de habitantes. Era asimismo crisol cultural, cosa poco discutible si tenemos en cuenta tan sólo a Freud, pero también a Gustav Mahler, Loos, Strauss, Hoffmannsthal, Arthur Schnitzler o aquella Secesión Vienesa capitaneada por Klimt. Para Adolph Hitler, que por entonces era un bohemio pintorzuelo que rondaba los cafés malviviendo a base de acuarelas, todo este enjambre de gerifaltes no le distraía de considerar a Viena, más que crisol, "una repugnante Babilonia de razas", infestada de judíos de largas narices que se posesionaban de puestos clave. Uno de ellos era el de profesores en la Academia de las Artes. En efecto, ésa a la cual negaron el acceso al futuro dictador, sólo para hacer la puñeta a Europa y al mundo.

Si no dudaron en largar a Hitler, lo cierto es que tuvieron a bien abrir los brazos a un jovencísimo Schiele, quien a los dieciséis años superó holgadamente el examen de admisión. Lo que se encontró allí en 1906, no obstante, era poco proclive a estimular su talento artístico. Nada más llegar le colocaron los grilletes de pintar al estilo clásico antiguo, dado que la Academia de Artes de Viena se regía por los mismos estándares que llevaban vigentes en la ortodoxia artística los últimos trescientos años. Las materias y clases habrían hecho las delicias de Hitler, pero resulta comprensible que a Schiele le causasen alguna que otra cefalea. En cualquier caso, como en toda formación clásica, el estudio del desnudo era fundamental, enmarcado en las exigencias del dibujo anatómico. Ese "perfecto equilibrio entre la fuerza y la gracia" que Kenneth Clark encontraba en el arte del alto clasicismo griego.[6] Es probable que Schiele bebiese aquí de ese perfecto equilibrio en el proceso necesario para posteriormente voltearlo, dado que, más adelante, su vulneración del dogal apolíneo resumirá diáfana la necesidad de ir más allá del límite de lo visible.

Esta necesidad ya se percibía con claridad, por lo que estaba claro que el joven pintor iba a acabar dándose de tortas con sus mentores. El desnudo clásico era casi siempre masculino, tradicionalmente considerado crisol de energía vital y paradigma del cuerpo humano. Al lado de esa búsqueda del ideal saludaba con la mano el anhelo de inmortalidad, donde la belleza se proyectaba a la divinidad y se intentaba expresar en obras plásticas concediendo esas "medidas ideales" propias del cuerpo divino. Schiele ya apuntaba a la inversión de todo esto mediante el ojo expresionista, todavía seminal, en el que lo sacro baja a los abismos y pasa a ser demoníaco... O donde lo demónico lucha contra lo apolíneo, por mucha línea firme que éste esgrimiese. No me cabe duda de que algún que otro profesor de la Academia tendría el olfato fino para percibir lo que tenían entre manos. El más destacado era Christian Griepenkerl, un maestro particularmente conservador –de estos que medraban en universidades de toda índole merced a tener un sillar de granito por cerebro–, famoso en aquella época por pinturas históricas y murales, todos ellos convenientemente adocenados. Sus clases, que llevaba impartiendo desde 1884, eran de un academicismo plúmbeo, cuyo cuadriculado formalismo se fundamentaba en una técnica perfecta donde no había lugar para nada que se saliese de la foto. Sin embargo, hizo gala de aguda intuición cuando, dirigiéndose a un Schiele parapetado tras el caballete, rugió: "¡A usted le ha cagado el diablo en mi clase!"[7]

Dado que la Academia no contemplaba una pintura expresada libremente, Schiele duró poco entre sus muros. Abandonó la institución en 1909 para echarse al monte, artísticamente hablando. Cosa que por entonces no quería decir nada malo, sino lo contrario. A principios del siglo XX el academicismo se encontraba en franca decadencia y la figura social, psicológica y profesional del artista estaba sobre la palestra, sometida a toda suerte de vaivenes. Los burgueses, que carecían de cualquier tipo de sensibilidad por el arte pero se interesaban –y mucho– por ella merced a su pasaporte de prestigio social, se servían del mercado como intermediario. Algunos de estos comerciantes, sea el ínclito Vollard el más destacado, iban bastante por delante de la crítica en el descubrimiento de nuevos valores. Como perretes bien entrenados, olfateaban el cambio de viento, que traía el tufillo de que los artistas ignorados o despreciados por el oficialismo –y consecuentemente por el rebaño de borregos habitual–, serían ensalzados más adelante. Esto se traducía en una simple práctica, que es lo que toda esta caterva, entre burgueses y marchantes, entendía mejor: adquirir obras a bajo precio que luego alcanzarían cotizaciones estratosféricas. ¿Nos suena? En efecto, nada nuevo bajo el sol.

Los artistas con vista tienden a crear personajes. Personajes de sí mismos que adscriben el rol del sacerdocio mistérico, de rebeldes y genios inspirados por la musa.

Curiosamente, a la hora de la verdad suelen estar dispuestos a pasar por todos los aros que sean menester; nada que no surgiese entonces y hayamos paladeado en la contemporaneidad hasta la náusea. No obstante, siempre hay matices que muestran la veracidad del personaje. No sé si lo intuyó así Schiele cuando conoció a Gustav Klimt en el *Café Museum* y quedó deslumbrado tanto por su pintura como por su personalidad; un zelote de la vanguardia que se vestía con las cortinas de su casa.

Esta última cuestión, que podría pasar por epidérmica, no lo es tanto. Hace cien años, quizá la primera transgresión debería haber pasado por cambiarse de ropa. Ponerse lo que te viniese en gana, como si eran las sábanas de la cama. En una época en la que todos parecían fotocopias unos de otros y el individuo más fuera del margen no se atrevía a salir a la calle sin sombrero por el qué dirán, el vestido-reforma de la compañera de Klimt, Emilie Flöge, lo decía todo. Siempre me ha resultado poco creíble que los adalides de la transgresión no empezasen por ahí. Cuando Breton se ponía estupendo hablando de los grandes actos supremos del surrealismo, como disparar a la multitud… Ay, ay, pienso yo. ¡Pero qué disparos vas a dar tú, pobre hombre, que no tienes narices ni para ir de tertulia sin corbata!

Quizá todo era una farsa, la misma que se encierra en el hecho mismo de la moda. Vayamos con ella o sin ella, siempre parece que se coquetea con el ridículo más espantoso. Es probable que Baudelaire quisiese tomarnos bien el pelo cuando decía cuán heroicos y poéticos parecíamos con "nuestras corbatas y nuestros zapatos de charol". Farsa tras farsa. La moda hace de cualquier peripecia humana una inquietante astracanada. Pero, paradojas de la vida, era por sus juegos con ella que Klimt transmitía un halo de modernidad y carisma bastante creíble, al que se unían sus talentos como pintor y su buen ojo para apuntar y disparar. Era el miembro principal de la Secesión Vienesa, que había surgido en 1897 y cuyo instrumento estaba en la revista *Ver Sacrum*, donde se encontraban a gusto para hacer de las suyas. Eso implicaba separarse de la tradición académica y poner los ladrillos de una nueva cultura figurativa centroeuropea, a la que habrían de unirse las distintas secesiones, siendo la primera la de Múnich en 1892.

Klimt tenía madera, de eso no cabía duda. Quizá era otro de esos que testimoniaban al tiempo dando volteretas y saltando fosos, pues era muy consciente del cambio de época que traía la inevitable decadencia de una sociedad de la que se sentía intérprete: ese viejo imperio austro-húngaro. Siempre he pensado que Klimt era de aquellos que se encontraban cómodos surfeando la ola del tiempo y del cambio de época, empapados profundamente del encanto del ocaso histórico. De una manera abyecta y estética que dejaba a un lado los cantos de sirena de la creación-destrucción… Nunca tan resolutiva como para dar un paso más allá y enfundarse un fusil, como hizo Marc. A diferencia de éste, Klimt asocia la idea del arte y de lo bello a la de la decadencia, de la disolución a la que se enfrenta la forma encabalgada en la pureza de la línea. Argan apunta una cuestión interesante, y es que Klimt ve en el arte bizantino un proceso análogo: el declinar de un imperio teocrático, la supervivencia de la forma estética frente a la muerte histórica.[8] Su linealismo acaba enroscándose y volviendo sobre sí mismo, mientras que su andamiaje decorativo multiplica armonías melancólicas de colores en cuya riqueza ya vemos lo que se apaga, el resplandor agonizante del *Fin de Siècle*.

Esta presencia para con el tiempo, aunque dispar, lo hermanaba en cierto modo con Schiele, quien divergía de la Secesión desde el primer compás. Aún más lo hacía su concepto de lo erótico, que transcurría desde los tópicos de la abyección decadentista hasta la vanguardia, encontrándose encabalgado en una piedra de toque que ambos tenían: el cuerpo desnudo y la sexualidad humana. No olvidemos que Klimt, en medio de toda esa vorágine que polarizaba a la opinión pública, consiguió hacerse un nombre como pintor de bellas mujeres con las que flirteaba procazmente y a las que dedicaba multitud de dibujos más o menos pornográficos. De cualquier modo, lo cierto es que apostó por el talento de Schiele, intercediendo por él en numerosas ocasiones e introduciéndole en el selecto club de los artistas de vanguardia cuyo genio empezaba a ser apreciado por mercachifles de toda índole. Klimt le compró dibujos, le presentó a mecenas y le procuró modelos. También le abriría la puerta para exponer en el Estudio de Viena, creado por Joseph Hoffmann en 1903 y posteriormente para poner su grano de arena en forma de cuatro pinturas para la "II Exposición de arte", donde se codearía con Munch, Bonnard o Matisse. En aquella época Schiele acusaba influencia del maestro, pero, para ser justos con él, hay que decir que apenas tardó un suspiro en desembarazarse de ella.

Fue hacia 1910 cuando funda el *Neukunstgruppe* ("Grupo del nuevo arte"), junto a otros artistas de cuerda similar, para realizar una sonada exposición en el Salón Pisko. Tal muestra tuvo un considerable éxito de público, ya que incluso llegó a contar con la presencia del sucesor al trono, el archiduque Francisco Fernando. Puede que lo hiciera de tapadillo, pues ha quedado constancia de que comentó a sus más íntimos eso de que "nadie debe saber que he contemplado esta porquería".[9] La porquería, en cualquier caso, empezaba a volar sola, en plena emancipación estilística de Klimt; cobran primacía las líneas angulosas y los contornos frente a aquella clásica estructura lisa del cuadro, ya un poco acartonada. Schiele aporta un elemento de carnosidad sexual que se opone a las tejedurías decadentistas. El expresionismo va comenzando a imponerse, surgiendo cual absceso merced a las influencias germanas pero a la vez personal e inequívoco. Schiele apenas contaba veinte años por entonces, a tan sólo ocho de que la gripe le cortase las alas, y su nivel de precocidad asombraba a propios y extraños. Dentro de esa carrera contra el tiempo, no dejaba de ser un joven que apenas había dejado atrás la adolescencia. Su arte plasma una gran pieza de todo ese corpus de la mente humana en un periodo turbulento muy concreto, que luego se irá tamizando y al que anteriormente sólo se habían acercado, paternales, pintores de mucha mayor edad.

El expresionismo había llegado a Austria por esas fechas, inundado de raíces y metamorfosis. El posimpresionismo de Van Gogh o la inclasificable bisagra de Munch eran por vez primera plato a saborear por Schiele, Kokoschka u Oppenheimer. Se abre para ellos un nuevo concepto del retrato, ese que ahonda en las profundidades del alma humana, y si Kokoschka lo abordará estilísticamente a base de crudo martillo primitivista, para Schiele la cosa irá más dentro de la estilización expresiva de la línea. En cierto modo, resolverá a su manera el conflicto que arrastraba Klimt, bregando entre la abstracción decorativa y un realismo que se daba tortas con los muebles como el elefante en la casa. Klimt encerraba a sus personajes en jaulas decorativas que columpiaban su figuración un poquito más allá, pero las zonas "fuera de ropajes" se construían a base de bella argamasa realista. Schiele trata de rebatirlo creando un lenguaje pictórico preñado de una expresividad que de la línea pasaba al color, fluyendo libre. Si sus aproximaciones figurativas pueden ser más o menos naturalistas, los colores no lo son tanto; de hecho, se saltan a la torera las convenciones de la representación de las tres dimensiones, al igual que ya lo había empezado a hacer Munch. Su objeto será el mismo que el del noruego, esto es, abandonar floripondias retóricas para alcanzar extraños abismos emocionales. De ahí que consiga una síntesis entre forma y contenido que Klimt no había logrado. El hecho de que Klimt, muy cómodo con su conflicto, no tuviese intención alguna de conseguir tal síntesis es ya otra cuestión.

Los autorretratos de Schiele se irán llevando la palma al respecto, algunos de los más sobresalientes datan de esos mismos años, como el famoso "Desnudo masculino sentado" (fig.1). He aquí un *self-portrait* donde pone patas arriba aquellas viejas funcionalidades del género, testimoniales o estéticas, para dar rienda suelta a aquello que se agazapa donde no llega la luz. Esa contorsionada puesta en escena genera una sensación de impacto extremo tan del gusto expresionista, pero la cosa no se queda quieta

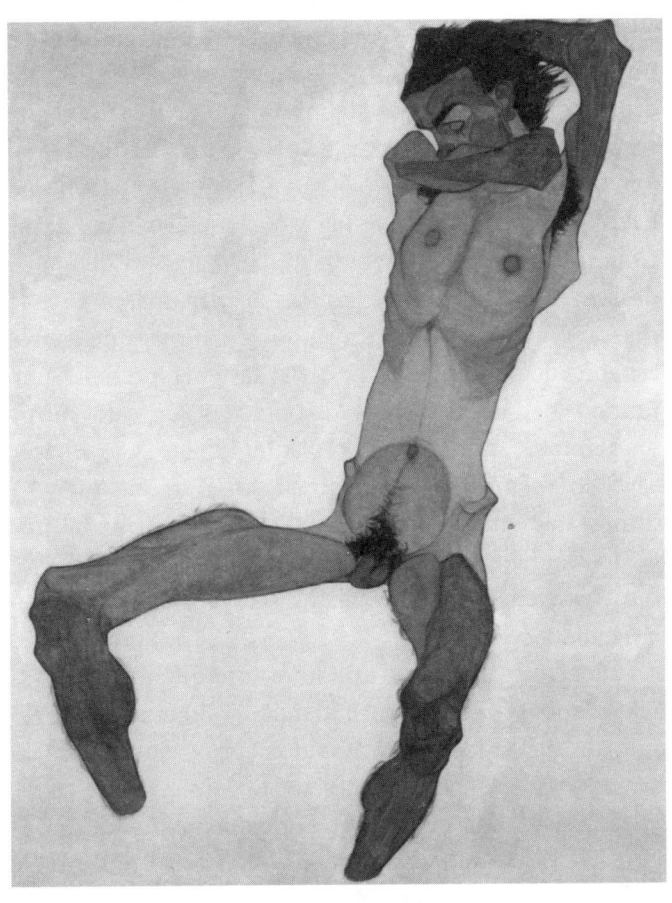

Fig. 1. Egon Schiele, *Desnudo masculino sentado (Autorretrato)*
1910, Viena, colección privada.

ahí. Porque si bien el espejo no devuelve imagen acorde a ningún ideal clásico eso no impide percibir el rastro de ese mismo ideal, que de algún modo está ahí, retorcido, amputado, vuelto del revés *contra natura*. Su nimbo de sacralidad invertida se ve bien en la representación que hace de sí mismo. Quiere jugar con aquellas representaciones de Cristos tan habituales, pero aquí lo divino se desliza hacia otro lugar, cobrando otra máscara. Una máscara nudosa y desecada, dotada de ese deleitable espanto demoníaco que no deja de tener presente una luminosidad interior, marcada por los pezones, los ojos y los genitales, de color rojo brillante. Schiele quiere hacer sagrado lo grotesco equiparándose a un Cristo cuya implacable grotesquez ya había sido resaltada por Grunëwald, en este caso sin que la experiencia acabe de disolverse en lo macabro al transitar por el crisol de lo erógeno.

La ingente proliferación de autorretratos que Schiele irá realizando por esta época tiende a ahondar sobre lo mismo, danzando entre impulsos primarios donde lo sagrado y lo erótico, lo grotesco y lo demoníaco se coadyuvan felices. Hay un festivo componente de masturbación pictórica definido por una sexualidad ambigua y ambivalente que se irá refinando más y más en los años venideros. Lo hará dentro de una cualidad ligeramente hermafrodita, donde los genitales masculinos se confunden con los matojos púbicos femeninos, cuyo lúbrico volumen resembla la tumescencia del pene. La luminosidad interior no podrá ser ahogada por la cadaverina. Tampoco por el paso de lo bello a lo enfermo que había cantado Baudelaire tiempo atrás. Basta con atestiguar el parentesco de la Belleza con la Muerte. Habían sido tan hermanas para los románticos que habían acabado confundiéndolas en un solo ser de fatal atractivo donde se mezcla la corrupción y la melancolía; una criatura donde el goce brota más dulce cuanto más amargo es el sabor.

La poética de la pérdida, del extrañamiento, se cobijaba ya en la obra de Schiele, encontrando un precioso alambique en el *Eros-thanatos* que estaba destilando Freud. En esta época, hacia 1911, el artista estaba empezando a experimentar sus primeras relaciones serias con mujeres, cuya profundización sería habitualmente sexual. Esto era bastante lógico en un chaval de su edad, pero lo interesante es que Schiele no percibirá el sexo desde su única faceta, sino que para él resultará diáfana la presencia inevitable de lado oscuro: de la muerte, del *Thanatos*. Esa *petite-mort*, con la que nos gusta designar al orgasmo… Las relaciones eróticas del pintor solían permeabilizarse de la lógica ansiedad soterrada de aquel que había visto de primera mano que el sexo podía matar. No ya con el peligro que en la época tenía para las mujeres el simple hecho de dar a luz, sino de la lasitud o pérdida de energía por parte del varón después de copular. Una verdadera consunción, en este caso poco sublime. Eso si dejamos de lado un dato inequívoco y más prosaico, dado que su padre había muerto debido a una enfermedad de transmisión sexual. Blanco y en botella, que diríamos. Schiele no acaba de creer en esa única vía para alcanzar la inmortalidad reservada para el rebaño: la reproducción. Sin desecharla, pues en cierto modo le fascinaba, tiene sus objetivos puestos en otra parte… Sólo el arte puede vencer a la muerte y al tiempo, de ahí que empiece a darle vueltas a estos temas de forma obsesiva. La procreación, la mortalidad y la trascendencia frente a la implacable picadora de carne a la que todos estamos sujetos. Bataille hablaba sobre ese matiz que tenía el erotismo, propiamente humano, frente a la actividad sexual, animalesca aunque no por ello menos poderosa. Un matiz que él considera diabólico por la relación con la dama de la guadaña y con lo que hay más allá. En sus palabras:

Si es cierto que "diabólico" significa esencialmente la coincidencia de la muerte y el erotismo, si el diablo no es al fin y al cabo sino nuestra propia locura si lloramos, si profundos sollozos nos desgarran –o bien si nos domina una risa nerviosa– no podremos dejar de percibir, vinculada al naciente erotismo, la preocupación, la obsesión con la muerte (de la muerte en un sentido trágico, aunque a fin de cuentas risible). Aquellos que tan frecuentemente se representaron a sí mismos en estado de erección sobre las paredes de sus cavernas no se diferenciaban únicamente de los animales a causa del deseo que de esta manera estaba asociado –en principio a la esencia de su ser. Lo que sabemos de ellos nos permite afirmar que sabían algo que los animales ignoran: que morirían.[10]

La conciencia de la muerte... Si ya tenían esa bota encima los moradores de las cavernas, ¿cómo la tendremos nosotros después de haber matado a Dios? Y cuando Schiele se abría a las oscuras maravillas de la vida el cadáver estaba reciente, aunque ya empezaba a oler. Su posicionamiento puede resolverse como diabólico, muerte y erotismo, en aquella necesaria inversión de los valores que preconizaba Nietzsche. ¿Una vez muerto Dios, podemos nosotros mismos convertirnos en dioses? Más bien quizá en diablos, aunque para el caso es lo mismo. El ámbito de lo diabólico, al cual el cristianismo otorgó el sentido de la angustia, es inherente a la relación entre erotismo y muerte. Schiele, como artista, se consideraba la personificación del genio divino y en él lo que había sido previamente sacralizado ahora cobrará diabólicos matices. También parecía cosa de volver del revés a los simbolistas, quienes consideraban el mundo dentro de un patrón dual: la "bondad" del mundo superior del espíritu y la "maldad" del inferior, el de los sentidos y la materia, lo cual les otorgaba un fuerte sentimiento religioso preñado de torpeza maniquea. No es de extrañar que Schiele lleve a cabo autorretratos en los que es asediado por una suerte de *doppelgänger* fantasmagórico (fig.2), donde podemos intuir esa ambivalencia que confronta el anhelo de inmortalidad frente al ocaso, el espíritu derivado a la materia, al dios muerto frente su sosia, ese al que nos aboca la modernidad. El doble significado, dios y demonio.

Teniendo todo esto en cuenta, con razón que se considere que el sexo es el primer y fundamental tema en el arte de Egon Schiele. Lo inevitable es ir más allá, hacia los miedos, anhelos, y trascendencias que se abren detrás de sus impactantes composiciones. Comprensible que su aproximación a los temas, tanto en forma como en fondo, resultase transgresora. Igual en su época que en nuestros días, cuando la sociedad parece involucionar y disfrazar de progresismo sus repulsivas mecánicas de censura ultraconservadora. Recordemos que no hace tanto, conmemorando los cien años del Fin de Siglo vienés, la obra de Schiele fue censurada en Londres esgrimiendo un puritanismo que habría hecho las delicias de la Reina Victoria: "No es ético mostrar los genitales en público", dijeron las luminarias del comisariado. En efecto, la ética y los genitales en el mismo saco. Por ahí andamos.

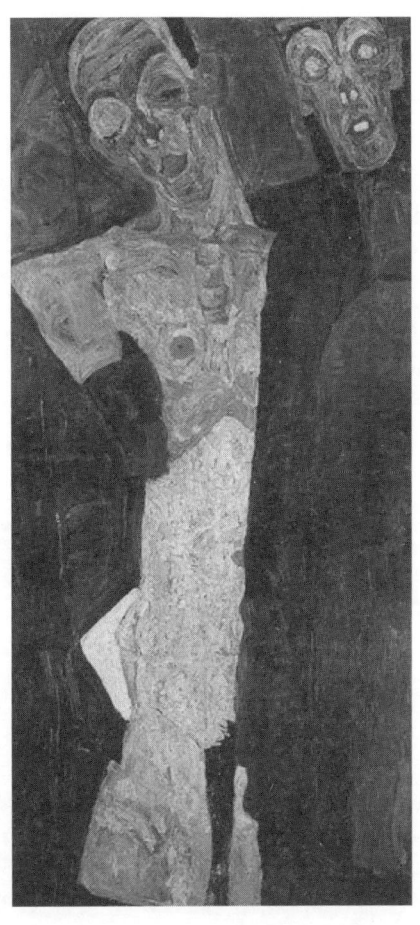

Fig.2. Egon Schiele, *Profetas (Retrato del doble)*, 1911
Staatsgalerie, Stuttgart.

Esto me lleva a bucear un poco en el *carissimo* tema del desnudo y lo erótico. Qué menos, dadas las circunstancias. A principios del siglo pasado se tenía claro que el desnudo femenino podía ser aceptable, con los pretextos convenientes, pero que el erotismo abierto resultaba inquietante cuanto menos. Que se lo digan a uno de los cuadros más eróticos de la historia de la pintura, esa lúbrica Venus pintada por el muy académico Alexandre Cabanel en 1863 (fig.3)… En aquel tiempo los amorcillos bailando alrededor eran suficiente protección para evitar la casta ofensa de las conciencias. Ahora no habría colado, dado que el ojo del censor es bastante más perverso y ansía aún más el poder por el poder. Antaño los artistas

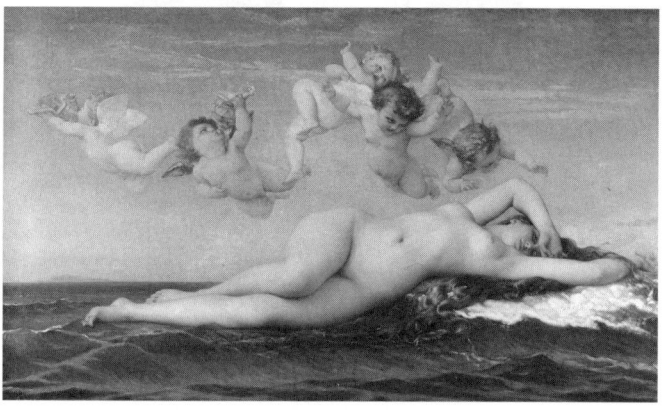

Fig. 3 Alexandre Cabanel, *Venus*, 1863,
Musée d'Orsay, París.

como Cabanel trataban de encauzar la irrefrenable sensualidad de sus obras estetizando sus desnudos con escoplo y ubicándolos en espacios indeterminados y alegóricos. El desnudo podía ser entonces casi lo contrario, *una vestimenta*, una especie de disfraz que saltaba los cortafuegos de la moral. La cuestión siempre fue diferir el objeto de arte de lo que podría considerarse pornográfico.

Viejo y manido asunto este… Nos enfrentamos a la dicotomía habitual. Es obvio que para que un arte sea erótico debe encerrar algo más que la desnudez del cuerpo humano o hacer referencia a asuntos de un modo u otro sexuales. El arte está lleno de esbozos de penes, testículos, pechos y pezones bastante poco eróticos. De hecho, ¿hay algo menos erótico que una playa nudista? Pero aún así, no podemos obviar lo material, recorrido habitual para trascender de la chicha a la nube y viceversa. El desnudo, como sostenía Clark, no es tanto un tema del arte como una *forma* de arte.[11] La antigua y generalizada creencia de que el cuerpo humano es, *per se*, algo agradable a la vista es rebatida constantemente por toda suerte de horrendas criaturas, gordas, feas y miserables, que hoy nos rodean por doquier en chanclas, sin camiseta, pululando como lombrices en un odioso verano cada vez más largo. El cuerpo no parece ser algo que pueda convertirse en arte por transcripción directa y el artista, dale que te pego con la búsqueda del ideal, no desea imitar sino perfeccionar.

Sin embargo, haga lo que haga, el cuerpo humano es un territorio oscuro, hirviente de asociaciones y turbiedades; mala cosa sería que cuando se convierte en arte todo ese caldero bullente se apagase por completo… Algo que siempre se ha intentado denodadamente desde según qué instancias. El profesor Alexander abanderaba tal perspectiva cuando aseveraba: "Si el desnudo es tratado de forma que despierte ideas o deseos acordes con el tema material, estamos ante un arte falso y una moral mala".[12] Ahí de nuevo ese pequeño forúnculo, la moral. ¡Qué teoría más pura y elevada la de Alexander! Yo diría que es al revés: si un desnudo, por muy abstracto en sus formas o desagradable a la vista que resulte, abandona la materialidad y deja de traernos aunque sea un sutil aroma erótico, es cuando estamos ante un arte profundamente falso. En cuanto a la moral represiva, mejor usarla como pértiga para saltar de cabeza hacia unos abismos insondables que nos esperan con los brazos abiertos.

La idea de lo que se entiende habitualmente por erotismo en el arte suele estribar en el tratamiento de los temas de forma que se proyecte una cierta actitud hacia ellos. Una actitud de fascinación, delectación –también obsesión– que asimismo invita a implicar la imaginación del espectador y dar una respuesta. Claro que el erotismo no sólo pretende atraer la sexualidad de aquel que observa la obra, sino que señala también la del artista.

Estimular y acrecentar pensamientos, imágenes, sentimientos, dentro de un plano estético que en ocasiones tiene peligro de distraernos de lo importante, del fondo que hay debajo. Esa estetización, unida al tapacubos ético y al acicate de la prohibición, diríase que separa la percepción general del arte erótico y la pornografía. Sobre todo en Occidente, donde las rémoras son aún mayores... El mínimo examen nos revela que el término "erótico" está hoy enclavado dentro de connotaciones de neutralidad, mientras que "pornográfico" se asume como algo negativo, oscuro y deleznable. "Arte erótico" es un concepto que puede ser problemático pero aceptable, pero "Arte pornográfico" casi suena a absurdo, con la moral judeocristiana susurrándonos al oído que acaso estamos ante un buen ejemplo de oxímoron. Parece que entre el propósito que adscriben las imágenes eróticas no sólo está el estimular la imaginación sexual, sino también suscitar un interés artístico y eso las salva de la quema. Comparativamente, las pornográficas sólo se ocupan de la satisfacción de las necesidades sexuales biológicas... ¡Y además son feas, éticamente perversas! Podríamos caer en ese discurso de que el beneficio erótico, sin estéticas agradables, no atiende a la realización artística... Porque la mayor parte de críticos se centran en ello, o bien equivocan la diana, como sucede con Matthew Kieran.[13] Éste, intentando refrendar la natura-

33

leza artística de la pornografía, empieza mal. Mal porque se traga con patatas el marco cimentado por los detractores de la idea, al aceptar que las obras por las que aboga –entre las que se cuenta gran parte del trabajo de Klimt– no son sino arte erótico de un tipo peculiar, en el que el componente pornográfico ha sido dirigido hacia fines artísticos, esto es, *transformado* en arte. El rechazo plano será la opción de encumbrados filósofos como Jerrold Levinson, siempre paradigma de las más plúmbeas empanadas mentales. En sus palabras:

No creo que sea una buena idea defender que la pornografía es también arte. Primero, conceder que algo pueda ser pornografía –y no sólo que se parezca a ella, que la imite, o que tenga su aire, o que cuasi lo sea– y al mismo tiempo pueda ser arte, no deja lugar a una categoría de arte erótico muy distinta a ella. Segundo, los intereses de la verdadera pornografía y los del arte, arte erótico incluido, no son compatibles sino que litigan el uno contra el otro (…) Una nos induce, en nombre de la excitación y el alivio, a ignorar la representación, dirigiéndonos a lo representado; el otro nos lleva, en nombre del placer estético, a detenernos en la representación y a contemplarla en relación a la capacidad de estimulación o excitación de lo representado.[14]

Tampoco es privativo de Levinson esconderse en categorías, clasificaciones, términos y otras zarandajas, si bien resulta remarcable por ser uno de los adalides de ese atroz engendro castrado de antemano, la denominada "estética analítica". Los mismos árboles entre los que se pierde, a base de cientifismo cartesiano y conciencia rancia, suelen impedirle contemplar un ápice del bosque. Porque lo que enarbola como una determinante ecología de la representación es puro maquillaje, y los componentes que para él afean "el propósito" se encuentran manchados en su psique por el fango subterráneo de la moral y el concepto del pecado (término revelador el que usa cuando se refiere al "alivio"). Consecuencia de que hable de Arte pornográfico como una categoría aparte con la que se pueda jugar de forma excepcional; bajo esa premisa, si algo responde al propósito de la pornografía, no puede hacerlo al mismo tiempo al del arte:

Primero, de la pornografía puede decirse, por definición, que no presenta aspecto artístico alguno. Es decir, la pornografía, en sentido estricto, no realiza apelación creíble alguna a sus espectadores para que consideren el modo y los medios de representación como algo diferente a lo representado; la pornografía, a diferencia de cualquier tipo de arte, es totalmente transparente tanto en su propósito como en su efecto. Segundo, puede decirse que la pornografía tiene como objetivo central y resultado característico no solo la estimulación de sentimientos o fantasías sexuales de sus destinatarios, sino la devaluación y degradación de sus personajes, normalmente mujeres.[15]

Estamos listos si un fenómeno cualesquiera tiene que llevar a cabo una "apelación creíble" en modo y representación para postular su sitio en el caballo alado. Por no hablar de que la degradación o la devaluación, o cualquier deriva potencialmente negativa de personajes le prive de la púrpura. ¿Si hay una degradación de la mujer –o del hombre–, se acabó el arte? ¿Continuamos maridando lo bello y lo bueno, la ética y la estética, a estas alturas de la película? El discurso científico de Levinson carga con demasiados lastres sin que éste, hinchado como un pavo, parezca ser consciente de ello. No me sorprende que termine enredándose cuando le toca hablar de Schiele:

La obra de Egon Schiele, quizá el mejor de los artistas eróticos, constituye un problema para mis tesis, pero puede ser tratado de forma similar. El inconveniente es que la intención manifiesta de Schiele en alguna de sus obras de tema sexual era sin duda pornográfica, ya que las creó expresamente para clientes masculinos con esa idea en mente. Desde mi punto de vista, hay dos modos de tratar con ello. El primero consiste simplemente en aceptar que esas obras deben considerarse pornografía, pero una pornografía inusualmente gratificante desde el punto de vista estético y a la que resulta justificable tratar como arte erótico. El segundo es plantear para tales obras una intención artística implícita, tan poderosa como la pornografía explícita, como demuestran los inequívocos rasgos estéticos de las mismas, en virtud de las cuales pueden considerarse, aunque con dificultad, como arte erótico, al fin y al cabo.[16]

En efecto, al fin y al cabo. Por los pelos. Una recogida de cable que le viene bien para seguir mezclando churras con merinas, intentando denodadamente meter en cajones lo que nunca podría caber en ellos. Parecería que la vértebra del arte es sólo estética e intención. Me pregunto si Levinson y tantos como él son capaces de ir más allá de la forma, y, ya puestos, dejar de empaparla de fantasmagorías éticas. También si el fondo, incontrolable en su violencia demónica, puede ser acotado dentro de la intencionalidad del artista. A fin de cuentas, Levinson menoscaba la relevancia de un punto importante. Una figura, más bien, en la que él mismo no puede evitar encarnarse. Tampoco tú, lector, o yo mismo. Suscribo a Camille Paglia cuando dice que ninguno de nosotros podemos dejar de ser *voyeurs* no ya frente a la imagen erótica, sino frente al arte mismo,[17] que es contemplación y conceptualización, en el fondo un exhibicionismo ritual de los misterios primordiales. Algo devorador, atávico, inabarcable. En todas nuestras emociones, como seres que vemos y sentimos, hay una concesión inapelable a la voracidad del *voyeur*… Y el componente pornográfico lo lleva grabado a fuego. Recordemos que una característica de las aproximaciones de Schiele al desnudo es ese mismo componente de *voyeurismo* casi obsesivo, sin tapujos ni cubrecamas. Levinson reconoce la figura del *voyeur*,[18] pero lo hace circunscribiéndola a un pequeño corral, sin comprender de qué estamos hablando realmente.

Será mejor dejar de jugar al gato y al ratón con absurdeces. ¿Es arte la pornografía? Por supuesto que sí. El gran arte siempre habría de tenerla como hermana. A ella y a la blasfemia, que decía Geoffrey Hartmann.[19] Al fin y al cabo, la cultura popular acaba haciendo suyo aquello que la alta cultura desecha, sea por moralinas, hipocresías varias o porque no acaba de entender qué es lo que encierran las cosas. Claro que tampoco es que la *pop culture* sea el faro definitivo... Pero en este caso acierta, porque la pornografía es pura imaginería pagana. Una tensa representación dramática de la imaginación humana, y en cada uno de sus ángulos, por desagradables o sórdidos que sean, se percibe un intento de captar la imagen de la naturaleza en toda su brutalidad.[20] Un intento de hacer visible lo invisible, lo feo, la violencia y la muerte. De ahí que las aproximaciones al erotismo de Schiele sean casi siempre inquietantes, complicadas de clasificar, de una fealdad ligeramente abominable pero asimismo fascinante. El abandono de cualquier intento de estetizar sus desnudos de forma convencional, abrazando ese prisma que podría considerarse "porno", le garantiza un poder expresivo muy por encima de los enfoques habituales. Tradicionalmente se había hecho hincapié en desmaterializar el desnudo artístico con tal de remarcar ciertas vertientes de la experiencia humana, léase armonía, humildad, éxtasis, *pathos*, y demás, por lo que nuestro ojo saltaba participando del desnudo como un valor universal y eterno. ¿Cómo encajar las figuras que pintaba Schiele, contorsionadas de forma extrema con tal de mostrar la vulva, siempre vellosa y cavernaria? Esas posiciones rígidas cuya lascivia fluctúa con rictus atormentado, dotado de una intensidad mórbida... Unida a la textura enfermiza, donde el tratamiento del color define un cuerpo lleno de manchas verdes, rojas y amarillas en una delgadez extrema (fig.4). La otra cara de la experiencia humana encarnada en lo que se podría ver como una fisiología defectuosa, enferma, con la huella de la finitud. Friedmann dejó escrito aquello de que, "en cierto sentido, este Schiele es un moralista pictórico y amenazador, y sus visiones sobre el vicio no tienen nada de seductor, absolutamente nada de tentador. Se abandona al placer de los colores de la descomposición".[21] ¡El sexo está mal, mirad cómo

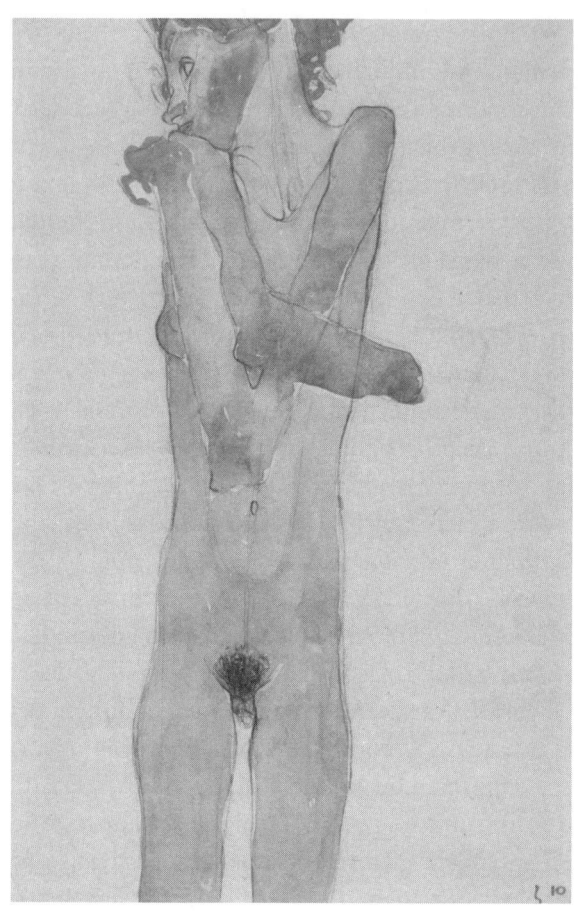

Fig. 4 Egon Schiele, *Chica desnuda con los brazos cruzados*
(Gertrude Schiele), 1910, Graphische Sammlung Albertina, Viena.

podéis acabar! Esto confundía a más de uno como Levinson, quien, por mucho que guste de jugar con herramientas de análisis científico, no acaba de ver donde acaba la moral religiosa y donde continúa su sibilino bastardo, la moral laica. Tampoco cual es uno de los auténticos motores del erotismo y, por ende, el del arte.

La clave se encierra en algo que ya había tocado el Romanticismo del que Schiele, fuese consciente o no, bebe largos tragos. Invirtiendo el vocabulario figurativo donde lo sagrado pasaba a lo profano y lo ideal a lo decadente, Schiele hace suyo un lenguaje contraestético donde medra lo bellamente enfermo, lo mórbido y casi repulsivo. Todo lo que recala en lo grotesco como una categoría estética que acaricia lo abyecto[22] y acaba siendo objeto de prohibiciones y censuras por su inveterada costumbre de cargarse límites. La abyección grotesca en las artes pugna siempre por abolir lo normativo, sumergiéndose en las profundidades más bajas de la imaginería estética y humana. Para los románticos la belleza toma relieve precisamente en aras de aquellas cosas que parecen contradecirla; es el apogeo de la estética de lo horrendo y lo terrible, que ya coleaba desde finales del XVIII. Tendríamos un buen ejemplo cuando la crítica se ve obligada a ensanchar las fronteras del erotismo para meter ahí parte de la obra de Goya. La sensualidad permeabiliza la parte más personal de ésta, pero no del mismo modo que lo hace en la de pintores cortesanos como Rubens o Tiziano;[23] para él es algo desgarrado, un territorio donde la represión católica pugna por abrir fronteras tras las que encontramos cosas curiosas. Entre ellas que el artista sarcástico con el cuerpo se encuentra obsesionado con sus extremos abyectos; la vejez, los cadáveres, el canibalismo o la locura… La llamada de los poetas no se dirigía a la inteligencia, sino a los sentidos. De lo bellamente horrendo se pasó, a través de una bienvenida degradación, a lo horrendamente bello. Todos estos platos de mal gusto para los paladares sensibles… ¿Habrían salido del horno sin la inestimable ayuda del tabú?

Improbable; hay que profanar. La prohibición que siempre subyace, sea por los rancios jerarcas judeocristianos o por la mezquina doctrina izquierdista, no deja de entrañar un intento de ejercicio de poder, de control. Sobre la sociedad en general, pero ante todo sobre nosotros y lo que se agazapa en nuestro interior. Los eclesiásticos sabían muy bien de la idiosincrasia que abriga la voluptuosidad en el dolor, lo que no me queda tan claro es que lo sepan hoy los adalides de la bondad colectiva. Como apuntaba Paglia, la pornografía cabrea a los biempensantes porque aísla el componente de *voyeurismo* presente en todo arte.[24] La respuesta emocional del espectador es inseparable de su respuesta erótica. Nos guste o no, la profanación es inherente al sexo, que nunca se ajustará a las teorías buenistas que defienden su benevolencia. Menos aún su benevolencia *estética*. Estamos hablando de arrebato, de violencia desesperada, de batalla entre la vida y la muerte en un territorio concreto: el cuerpo.

Por tanto, qué decir de cuando Schiele pinta su famoso *Eros* (fig.5). Dos cuestiones nos asaltan en este cuadro. O bien una sola: ¡Es un hombre masturbándose con el pene erecto! He aquí la representación por un lado de un falo en erección, cosa poco vista en el arte occidental, y por otro del acto sexual tabú por antonomasia... Tabú sobre todo en el varón, porque mujeres dándose placer a sí mismas no era tan infrecuentes, aparte de ese tema soterrado que se arrastraba desde el siglo XIX en la representación de féminas lánguidas, a punto de ser vencidas por el sueño... Sueño consecuencia de la autosatisfacción, *obviously*. Pero la claudicación frente al "vicio solitario" era natural acción/reacción a la inherente perversidad y debilidad femenina, según teorizaban los sesudos médicos y antropólogos de la época.[25] Estudiando ante el espejo su propia vida afectiva, Schiele vulnera uno de los principales temas de censura universal, que casualmente se encontraba en la picota. Porque la masturbación estaba prohibida, ejerciéndose a escondidas, perseguida por las lumbreras científicas. Los siempre sabios mandarines de la medicina creían entonces que causaba locura, ceguera y un buen abanico de daños irreparables a la salud. Casi

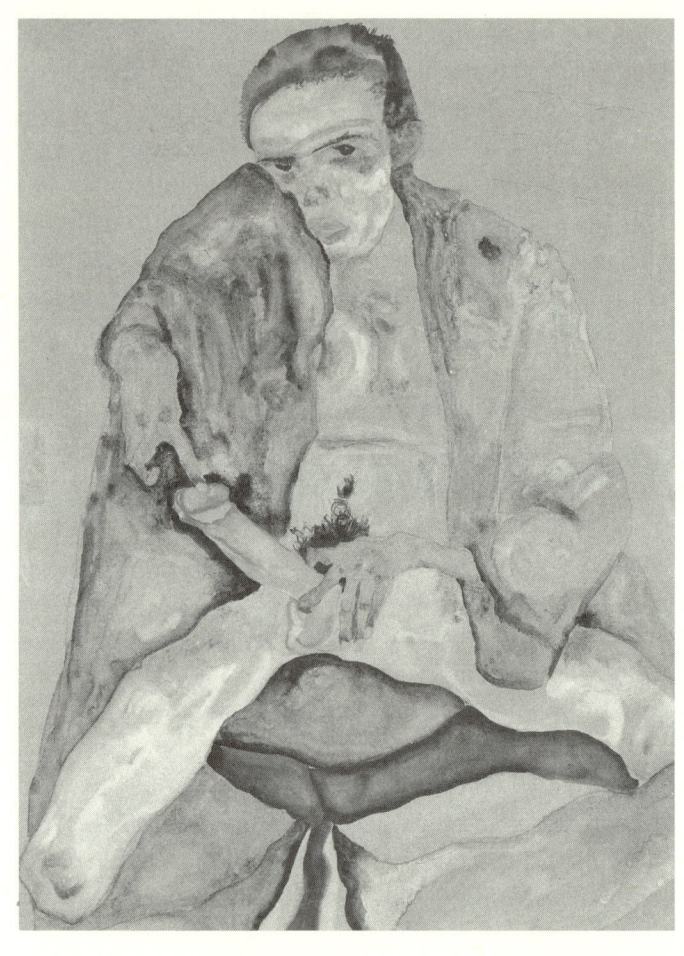

Fig. 5 Egon Schiele, *Eros*, 1911, Colección privada

la misma historia que nos contaban en el colegio a finales de los 80`, lo cual tiene especial miga, ya que hacía décadas que Freud había dicho una o dos palabras importantes sobre el asunto.

En general, el tabú asociado al onanismo arrastra una honda raíz psicologista dentro del espectro del instinto y su desarrollo social, gestando una suerte de *super ego* censor, ubicuo e impertinente. Al no atenerse a ningún fin, la práctica masturbatoria supone un anatema en toda sociedad funcional que se precie. Biológicamente no sirve a la procreación, por tanto debe ser algo *contra natura*; emocionalmente no favorece las relaciones humanas, por lo que puede considerarse "mala" moralmente. Pero quizá la cuestión más importante es que libera al individuo del control ajeno, ya que extrae el ejercicio de la libido del vínculo social. Terrible situación… ¡Una práctica destructiva, incluso suicida! Y quizá lo sería si fuésemos hormigas o abejas que viven en colmena. Afortunadamente, el ser humano es más complicado, pudiendo divergir de los puntos de vista propios a una despiadada funcionalidad procreadora o civilizatoria. Pero la muerte se paladea… ¡La muerte de la especie! Otra cosa es la gestación del tabú entroncado a la inhibición o al complejo de culpa, el cual, dentro de la modernidad, no puede abarcar por completo la compleja maraña psicodinámica de la que está hecho el erotismo, en su fantasía, su conflicto y su polaridad entre miedo y deseo, atracción/repulsión, vida y muerte. Y desde luego que las prohibiciones o las limitaciones rituales intensifican el deseo... ¿Erotismo o pornografía? Poco importa. Decía Paglia, con su lucidez habitual, que una erección es una idea y un orgasmo un acto de imaginación. Su plasmación artística no deja de lado que la represión lo que acaba haciendo es incrementar la energía primordial en el placer sexual, casi siempre desde el mejor lado... el de las tinieblas. Es bueno recordar que siempre que nos miramos en el espejo del arte es posible que no nos guste lo que vemos.

Objeto sexual, obra de arte, identidad... Schiele empezaba a percibir correctamente que nuestras vidas como seres físicos son un continuo bucle de placer y dolor, de danza ritual entre el *Eros* y el *Thanatos* mientras jugamos a atisbar por la mirilla, perennes *voyeurs*. Para él el despertar emocional era un despertar sensual, y a la inversa. Ese despertar tuvo un buen puerto de entrada en aquella Viena que daba sus últimos pasos antes de volar por los aires con la Gran Guerra. La metrópoli, si bien pacata en cuanto al onanismo, con el resto de cuestiones era más laxa. En aquel tiempo los jóvenes artistas vivían adolescencias extendidas que contaban con el visto bueno de la sociedad burguesa, curtida en los intrigantes misterios de la doble moral. Mientras las chicas se veían reducidas a la expectativa de casarse cuanto antes y cualquier contacto extramarital las mancillaba, los varones podían disfrutar de todo lo que ofrecía la capital en relación a sus infinitos burdeles. En ellos la edad de las hetairas no se contabilizaba –"dulces pastelitos", se decía–, y multitud de jóvenes provincianas acudían a Viena para sacar algo de partido de la situación. Todo un sistema que reforzaba la moralina segregando las pulsiones más oscuras a zonas apartadas de la sociedad considerada "decente"... Ese germen de la hipocresía social moderna, gestado en la Inglaterra victoriana y perfeccionado durante más de cien años hasta sublimarse hoy día con la monstruosa broma infinita en la que andamos inmersos.

Dentro de esa dúplice moral, las modelos de los pintores se consideraban casi al mismo nivel que las putas. Ambas se despojaban de la ropa hasta quedarse en pelota picada por dinero, ¿o no? En cualquier caso, las mujeres de baja extracción social no solían tener muchas opciones. Probablemente este sería el caso de Valerie Neuzil, posteriormente conocida como "Wally", quien llegaría a Viena buscando una fortuna que apenas podía atisbar trabajando de modelo. Al parecer posó en primera instancia para Klimt, que luego acabó pasándosela, cual guante, a Schiele. Su encuentro tuvo lugar en la primavera de 1911, cuando ella contaba apenas diecisiete años, siendo hasta el momento la relación más intensa y duradera que había establecido el pintor. Amante y musa a partes iguales, tuvo un rol relevante en la decisión de abandonar temporalmente Viena y marchar al campo. Al fin y al cabo, la vida en la urbe estaba muy cara y los honorarios que le pagaban por los encargos no eran especialmente jugosos, tardando además mucho tiempo en llegar. Schiele acabó harto de Viena, glorificando la vida rural. No tardaría en escaldarse.

La pequeña población de Krumau, en la Bohemia meridional, fue el primer destino elegido, antes de acabar recalando en Neulengbach apenas unos meses más tarde. Inocentemente, Schiele tenía la idea de asentarse en Krumau. La realidad es que llegó en mayo de 1911 y hubo de marcharse antes del invierno. Las razones eran de suponer… El rebaño provinciano no era demasiado permeable a acoger a un artista como él. Se vestía raro (¡he aquí el principio de la verdadera transgresión!), no asistía a la iglesia, tenía la costumbre de irrumpir en improperios en los lugares públicos y, por supuesto, cohabitaba en pecado con una mujer de dudosa reputación. Todo ello trufado de ese olorcillo a inmoralidad que se traía todo pintor considerado "de vanguardia". En general, incluso en las poblaciones campestres, era por entonces perfectamente entendible que un hombre joven y libre de lazos maritales se entregase a la disipación… Siempre y cuando atendiese a la discreción que exigían las bondades de la santa doblez. Cuando el casero de Schiele le pilló pintando a un modelo desnudo en su jardín, el entorno terminó de caldearse hasta el punto de precipitar su marcha.

De cualquier modo, la estancia del artista en Krumau resultó interesante más allá de la anécdota. Por vez primera se lleva a cabo una derivación conceptual de su arte desde la figura humana a la ciudad, siguiendo aquella vieja tradición del romanticismo alemán que entroncaba el paisaje como lienzo para el alma. Schiele no había dejado nunca de lado la representación de la naturaleza, en un enfoque donde espacio, configuración y gama cromática abominan del naturalismo en pos del símbolo. Sus cuadros de árboles y flores no florecen precisamente, sino que resumen su bienvenida fijación por la decadencia y la muerte (fig.6). Ese árbol de otoño… Munch lo habría visto claro. Poco interés hay aquí por cuestiones relativas a luz o color. Tampoco por entender el paisaje en la línea de algunos expresionistas contemporáneos, con esa especie de primitivismo puro e íntegro más arcádico que otra cosa. Aquí la naturaleza es espacio vital que brota y se marchita, de ahí que prefiriese el invierno y el otoño y los árboles privados de hojas. Tampoco es que sean ya árboles muertos, sino que *están muriendo*. El ocaso y la decadencia tras la explosión de vida, tanto en lo que referenciaba a los seres humanos como al reino vegetal.

Durante un tiempo volverá su mirada no tanto hacia la naturaleza como a las vistas urbanas, inmerso en ese vehículo de representación conceptual. Cosa curiosa, porque hasta el momento en Viena había mostrado profundo desapego a los "desiertos de piedra", como llegó a designar a la capital austríaca. Claro que, si le disgustaba estéticamente la Viena del Fin de Siglo, cabe preguntarse qué habría pasado si hubiese vivido unas décadas más. Lo

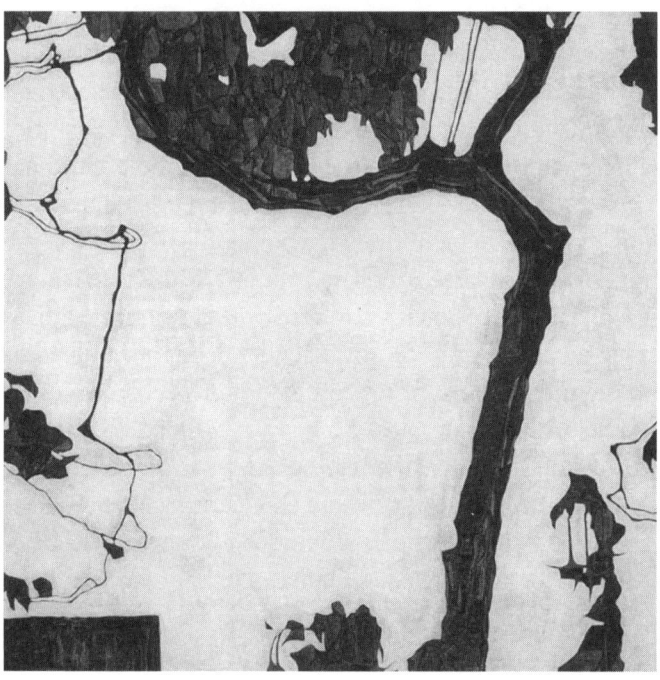

Fig. 6 Egon Schiele, *Árbol de otoño con fucsias*, 1909
Hessiches museum, Darmstad.

suficiente como para comprobar el efecto que la nueva arquitectura de la *Bauhaus*, unida al cambio de paradigma hacia el funcionalismo, tendría en las ciudades modernas, construidas de entonces en adelante a base de abominables cubos en fila. Pero ésa es otra historia.

Lo cierto es que Krumau, urbe que no le era extraña por haber sido el lugar de nacimiento de su madre, respondía a un patrón antiguo y pintoresco, con una fisionomía que arrejuntaba elementos superpuestos de estilo gótico, renacentista (si podemos decirlo así) y barroco. Era pequeña, con ese aire de crecimiento orgánico, como de excrecencia, propio a los núcleos urbanos que habían ido desarrollándose a lo largo de los siglos con lentitud, de una forma casi fungoide. Sin que grandes reformas mesiánicas o tumoraciones del organismo productivo hubiesen alterado esa suave e inexorable pátina temporal que deriva en maravillosa decadencia. Las vistas que Schiele lleva a cabo allí son pura construcción fantástica propia a un lugar donde el tiempo parecía superponerse en estratos, de ahí que las casas parezcan conformadas a base de componentes sueltos, entre arquitectónicos y topográficos (fig.7). Fragmentadas en su deriva. Hay una herencia del simbolismo finisecular, a través del filtro romántico, que deriva en un intento de atemporalidad que transcurre de Friedrich a Fernard Khnopff o Arnold Böcklin para recalar en su expresionismo particular. Al igual que la mayoría de simbolistas, ya no refleja la naturaleza sino como proyección mental. Todo en aras de gestar un universo fantasmagórico que abraza una única deuda: la creación de mundos imaginarios. Otra cosa es que, a diferencia de Böcklin, en Schiele estos mundos no tendrán la suficiente independencia por sí mismos… Al fin y al cabo eran teatro de tempestad interior y liza constante entre la muerte, la vida y el tiempo.

He aquí que ese aprendizaje del tiempo que se pierde, en su carácter simbólico, le hace abrazar uno de los mitos

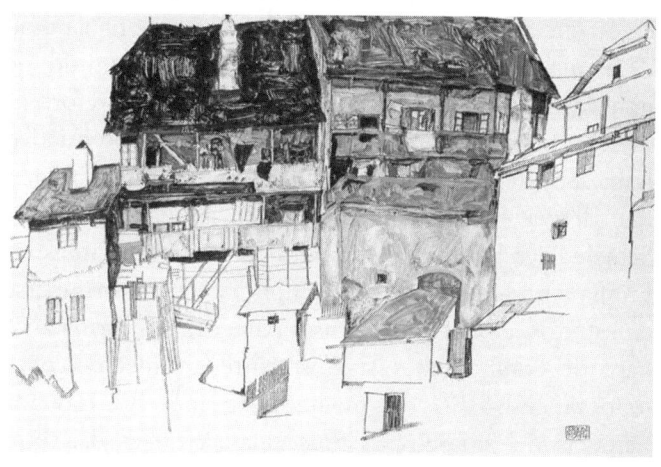

Fig. 7 Egon Schiele, *Casas antiguas de Krumau*, 1914
Graphische Sammlung Albertina, Viena.

finiseculares por antonomasia. En efecto, me refiero a la poética de las ciudades muertas. Ése era también uno de los significados de Krumau para él, desde niño. Recordaba "haber llegado, de pequeño, a ciudades simplemente infinitas y con apariencia de muertas".[26] No olvidemos, ya puestos, que fue también en Krumau donde su padre llevó a cabo serios intentos de arrojarse al río Moldava. También estaría relacionada la lectura que hubo de llevar a cabo de la famosa *Bruges la Morte*, de Rodenbach, que probablemente habría caído en sus manos gracias a su amigo y mecenas Arthur Roessler, autor asimismo de un artículo que imbricaba la novela con la pintura flamenca.

No andaba totalmente desencaminado. Schiele comienza una serie de pinturas con ese mismo título, "Ciudad muerta" (fig.A), que visualmente, de una manera inaprensible, pueden traernos un tufillo a aquellas flamencadas desquiciadas que tanto tuvieron que ver –sin quererlo– en el dibujo de espacios imaginarios. Otto Benesch no dejaba de apuntar este posible parentesco, cuando, en relación a esta parte de la obra de Schiele, decía que "debemos remontarnos hasta fechas muy lejanas para hallar algo tan oscuro, irreal y a la vez tan realista; hasta los flamencos del siglo XV".[27] Otro punto más para contribuir a la teoría es que, en esta serie de pinturas, Schiele obvia la perspectiva concibiendo las edificaciones no tanto como espacios sino como superficies, muy en la línea de la pintura medieval, donde la profundidad se conseguía escalonando… Aún con todo eso, creo que dar vueltas dentro de los equivalentes pictóricos está de más. La verdadera raíz es literaria, de trasposición a la imagen. Muerte, espíritu y civilización, bajo el efecto del tiempo en esas casas arracimadas y callejas imposibles. El salto pictórico de la turbia plasticidad estática de Rodenbach nos abraza con los matices de fascinación por las civilizaciones desaparecidas… Que aún no lo han hecho. La Brujas de Rodenbach y la Krumau de Schiele, más que muertas a mí me parece que están moribundas, próximas a la tumba. Están en proceso de morir, como aquellos árboles otoñales que tanto le gustaba pintar. Curiosos muertos vivientes, un estadio de existencia que bien podemos entroncar a nuestra propia contemporaneidad. Una connivencia entre lo humano y lo urbano, identificándose el artista en el símbolo exterior como ejemplo de la devastación del alma… No sé si Schiele llegaría a tanto, pero lo cierto es que el sustrato más turbio de sus desnudos lo podemos encontrar aquí, desde otro lado de la moneda. También la exclusión de toda idea de regeneración social, cuestión siempre bienvenida en esta sociedad moderna, putrefacta de mermelada. Una exclusión llevada a cabo con instrumentos que como siempre rayan la provocación, tocando el polo opuesto a un naturalismo que ya empezaba a pasarse de rosca.

En realidad, la visión de la ciudad que desarrolla Schiele me retrotrae aún más que a Rodenbach a Alfred Kubin y su novela *Die andere Seite* ("La otra parte"), de 1909. No sé si por entonces el texto, paradigma de la deriva del mito simbolista hacia el abismo expresionista, habría caído en sus manos, pero su mirada hacia Krumau se arroga la misma estética con la que Kubin dibuja a su ciudad de Perla. Es posible que también tenga parejo fondo conceptual... Schiele construye escorzos desde perspectivas descendentes, empleando unas superficies cromáticas las cuales, unidas a esos edificios que parecen próximos a la ruina y a los intensos claroscuros, conducen a una sensación onírica e irreal, tan abstracta como aquel cuadro que luego pintará Klee en 1921, *La ciudad del sueño* (fig.8). Para Kubin, en Perla el cielo está siempre nublado y todo se encuentra tamizado de oscuridad; apenas hay gente por las calles y los que pululan de un lado a otro visten de forma arcaica, neurasténicos perdidos. Las casas son auténticas rarezas de ruina y antigüedad, traídas de diferentes partes del mundo para que sirvan de mosaico a un "Reino de los sueños" que poco a poco se va trocando en pesadilla. Curiosamente en el único teatro de la ciudad sólo se representa una obra, siempre en bucle: *Orfeo en los infiernos*... Un descenso órfico que en Schiele encuentra distintas máscaras. En ésta los edificios tejen una sombría masa oscura que nos

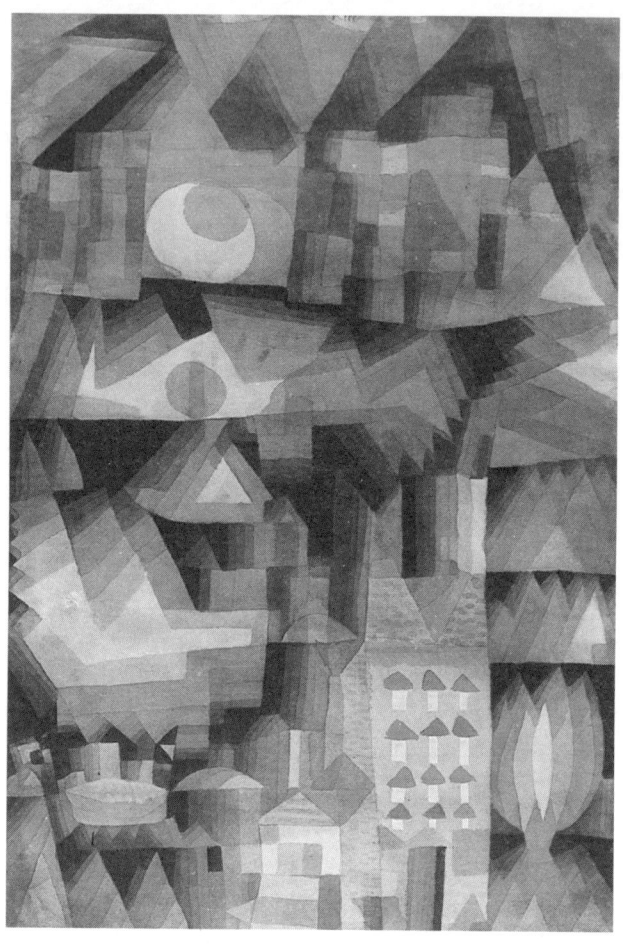

Fig. 8 Paul Klee, *La ciudad del sueño*, 1921, Colección privada.

sugiere misterios tras sus paredes, una enigmática vida interior. Casi al mismo nivel que aquellas ciudades sumergidas de Georg Heym. Lo sumergido, lo oculto, solvente analogía de ese subconsciente que investigaba Freud. Y el *Thanatos* como destino inevitable de cualquier ciudad onírica, donde la fascinación ejercida por la idea de la muerte se une, seductora, a un *Eros* sensible, presto al precipitarse en los infiernos. Para Schiele, al igual que para Maurice Barrès y Thomas Mann lo fue Venecia, o para Rodenbach, Brujas, Krumau se convierte en un lugar mítico –o al menos paramítico– donde vibra el miedo y el deseo por experimentar la aterradora caricia del tiempo. El arte, parece estar diciendo, es un depósito de tiempo que se pierde y se ausenta, pero el artista todavía tiene mucho para perder y perderse.

Y a poco estuvo de perderse del todo en aquella época. Si había vuelto su atención al paisaje y al elemento urbano como trasposición anímica, no por ello deja de tener en el punto de mira, ni por un segundo, su gran tema: el desnudo y el erotismo del cuerpo. En relación a ello, los componentes de su arte se imbricaban a una actitud de transgresión constante que acabó trayéndole consecuencias. De Krumau fue a recalar en un lugar similar aunque peor, Neulengbach. Carente de la sublime decadencia arquitectónica de la primera, resultaba nefasto en cuanto a morales revenidas. Su población era cerradamente rural, católica a más no poder, y si bien podían soportar a duras penas el concubinato que el pintor mantenía con Wally Neuzil, su costumbre de emplear a niños como modelos era otra cosa... No parecía importar que, en este aspecto, la transgresión de Schiele fuese más estilo que sustancia, dado que nunca llegó a hacer nada inapropiado con ninguno de estos modelos, más allá de pintarlos. En su mayoría, ni siquiera en pelotas.

Como en tantos otros aspectos, la hipocresía de que hacía gala aquella Austria de principios de siglo era una fuerza a tener en cuenta. Por entonces era perfectamente aceptable que un hombre hecho y derecho tuviese relaciones sexuales con niñas de doce o trece años, siempre y cuando se tratase de profesionales en la materia. Los burdeles y las calles vienesas estaban hasta arriba de nínfulas, todas ofreciéndose al mejor postor. El error de Schiele fue haber interaccionado con infantes de familias respetables. Eso ya era harina de otro costal. En Viena había usado habitualmente a niños de la calle, huérfanos anhelantes de posar en estudio por un plato de sopa caliente. Nadie en las esferas biempensantes daba un duro por ellos. Acaso, como sucede con las sociedades humanas extremadamente moralizadas, el *quid* de la cuestión entrañaba la violación conceptual de un tabú cubierto por capas de miedo, autoengaño y anhelo. Todo coleaba de antes.

En la segunda mitad del XIX ya se había empezado a iconizar al infante en respuesta a esa situación de miedo a la sexualidad de la mujer adulta, y los hombres volcaban en niñas su ideal de inocencia y pureza. Después de intentar infantilizar a la mujer con todos los medios a su alcance, llegaron a la conclusión de que era mejor buscar esas cualidades de pureza, pasividad y vacua complacencia no tanto en la parte infantil de la mente femenina como en auténticos críos. Esa misma blandez parecía oclusionar el halo de amenaza esgrimido por la nueva mujer, que ya arrasaba con la *femme fatale* y demás mistificaciones de la realidad biológica. Lewis Carroll tomando fotos de mocosas mientras escribe *Alice in Wonderland* sólo es el ejemplo más clásico de ese deseo de jugar al escondite con la vagina dentada entrando a formar parte del arcádico universo del niño. De nuevo el *voyeur*, en este caso tomando el té. Qué daño hizo Rousseau y su buen salvaje, podríamos pensar… O su disfraz, ese que postula la carcajeable benevolencia última de la emoción humana.

El "niño entronizado", como aquel cuadro de Thomas Gotch (fig.9), parecía ser la desembocadura inevitable de todas estas quimeras y anhelos de pureza, pero era obvio que estaban jugando con fuego. Porque la mayor inocencia hace el doble de daño cuando cae hacia el pecado. Lo sagrado pica más cuando pasa a lo demoníaco, y no es un paso muy largo. Todo lo sacro e inviolable está haciendo

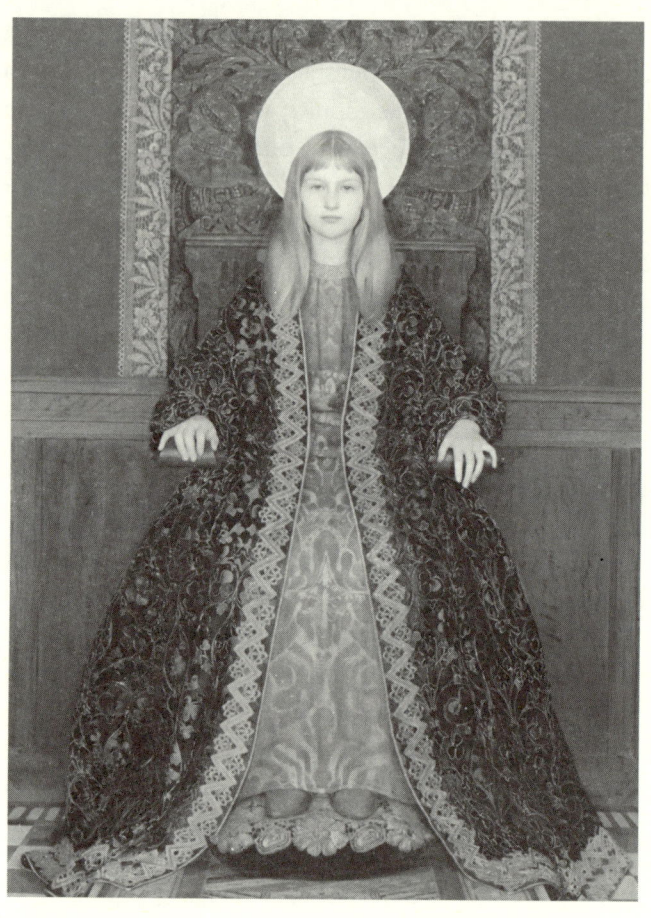

Fig. 9 Thomas Gotch, *El niño entronizado*, 1894
Colección privada.

oposiciones a ser corrompido y profanado. A veces, como sucede con la llave de tuercas de la doble moral, sólo hace falta colocar un biombo delante, transformar a las niñas en putas y hacer entonces aceptable un estado de las cosas muy particular. Más o menos como la Viena de Schiele, donde los hombres se refocilaban a conciencia de una libertad sexual denegada a las mujeres. Ahora bien, cuando la niña no había sido investida con los galones del puterío y seguía sentada en el trono del ideal… Entonces se pisaba terreno minado.

Como apuntó Bram Djikstra en su día, en el imaginario finisecular esta prístina jaula de oro a la que se colocaba a la mujer-niña sugería no sólo una carencia de mácula, sino también la ausencia de resistencia hacia cualesquiera fueran los deseos masculinos.[28] La pintura más académica se llenó de imágenes que mostraban a chicas pre púberes en poses de extrema vulnerabilidad, sentadas o de pie de forma inane y lánguida, muchas de ellas esperando algo… Ya podemos suponer el qué. La pretendida inocencia y la estetización menesterosa resultaban risibles para cubrir la carga de bendita perversidad que supuran cuadros como *The Little Girls Room*, de Carl Larsson (fig.10), o *Christmas Morning*, de Bruno Piglhein (fig.11). El ojo del *voyeur* nos desvela la inevitabilidad del descenso órfico, desde la santidad del ideal hacia los infiernos, donde los artistas que jugaban al escondite eran cazados

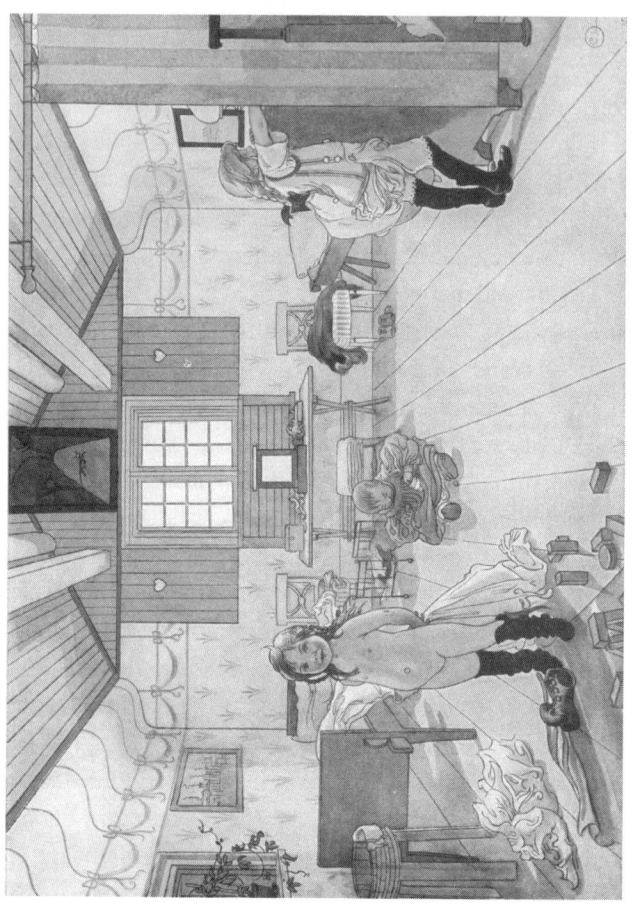

Fig. 10 Carl Larsson, *La habitación de las niñas*, 1895
Colección privada.

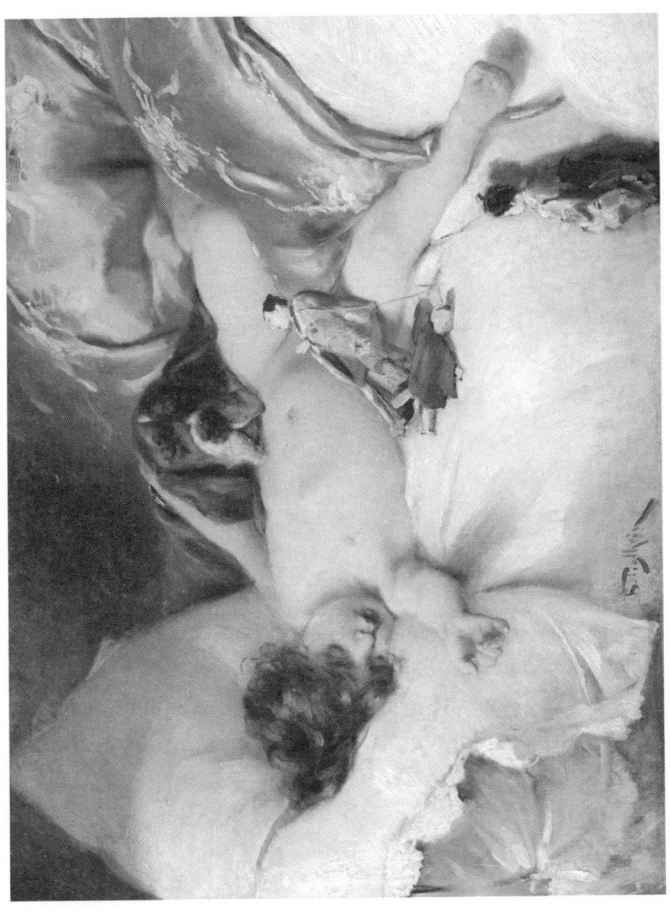

Fig. 11 Bruno Piglhein, *La mañana de Navidad*, 1890
Colección privada.

por sus impulsos y deseos más oscuros, aunque fuesen por otro camino. La bella estética era juego de humo y espejos, por lo que cuando Schiele se marca un desnudo púber (fig.H), resulta complicado decidir en qué lugar exacto se encuentra el abismo devolviéndonos la mirada, picaruelo. De nuevo podríamos volver a la disyuntiva entre erotismo y pornografía… Aunque yo creo que aquí Schiele, sacudiendo las sábanas, simplemente restaura el exhibicionismo ritual de la antigüedad pagana. Lo hace teniendo siempre a la muerte en el punto de mira y eso quizá le convierte en el más diabólico a la vez que en el menos perverso.

Obviamente, no creo que estas últimas consideraciones estuviesen ni remotamente en la mente del populacho de Neulengbach que acabó arrastrando al pintor a presidio. Frente a la pintura de Piglhein nadie habría tenido problema, mientras que la de Schiele parecería algo simplemente obsceno. La cruda realidad es que si buscamos perversidad en el cuadro, lo de Schiele es pura blancura frente la visión de Piglhein con esa dulce niña, tirada en el lecho, desnuda y laxa, en la mañana de Navidad. El recorrido hacia lo diabólico era recto y noble en comparación, pero su vulneración del tabú era cruenta. Mientras los demás rodeaban sibilinamente la barrera y entraban por el patio trasero, Schiele aborda sin tapujos la noción que ya había destapado Freud, esto es, que el niño no se encontraba privado de impulsos sexuales. Con ello en mente, abofeteaba a la sociedad de su tiempo con la mano abierta, una y otra vez. En cualquier caso, la abrupta ruptura de la ilusión reventaba la burbuja de autoengaño en la que se encerraba aquella Austria de principios de siglo, por lo que no podía quedar sin consecuencias. A los ojos de los vecinos de Neugelbach importaba poco si el pintor había tocado a los niños un pelo de la cabeza; su mera presencia en el estudio de Schiele los exponía a ser mancillados de forma irremediable.

El detonante de la situación fue la hija de un oficial naval retirado, Tatjana Georgette von Mossig. Al parecer la chica era víctima de un enamoramiento intenso y precoz hacia el pintor, típico de la adolescencia, por lo que había adoptado la costumbre de seguirle por doquier, parpadeando con ojos de besugo. Un día se presentó en su estudio anunciando que se había fugado de casa, con las consecuencias imaginables. Como Schiele y Wally no sabían muy bien qué hacer con ella, decidieron llevarla con la abuela de la niña que vivía en Viena. Mientras discutían al respecto, el padre ya había corrido a la policía gritando y agitando los brazos. Las acusaciones no fueron leves: nada menos que secuestro y violación. Esto dio lugar a las consiguientes pesquisas, y, si bien lo del rapto fue prontamente descartado, la cosa se puso más turbia cuando los agentes de la ley metieron zarpa en las "cuestionables" prácticas artísticas del pintor. Me los imagino llevando a cabo una redada en el estudio con patada en la puerta incluida, observando sus bocetos de desnudos con los mostachos erizados y el ojo inyectado en sangre tras el monóculo. Las preguntas se sucederían: ¿habían visto los pobres niños estas monstruosas obscenidades? ¿Se le había ido la mano al sospechoso individuo y les había tocado mientras posaban? No se daba puntada sin hilo, porque la primera cuestión sustentaría un cargo de inmoralidad pública, y la segunda ponía la cama al estupro... Cuando Schiele fue a testificar a la comisaría, los gendarmes tuvieron a bien detenerle, ya que estaba allí, sin presentar cargo alguno. Cuando se le procesó, tras días de calabozo, se le encontró culpable de inmoralidad, canela en rama dadas las circunstancias. Al final acabó pasando cosa de un mes en prisión.

En realidad tuvo suerte, ya que la sentencia habitual por inmoralidad pública era de seis meses, y si lo de la violación hubiese prosperado, el pintor se habría enfrentado a penas de veinte años. Obviamente, para alguien de su sensibilidad, un mes era más que suficiente. De las pinturas que lleva a cabo en prisión destacarán sus autorretratos (fig.12). Espacialmente dislocados, con la expresión torturada que el encarcelamiento había serigrafiado en su rostro, se presenta en un estado deplorable, como si en lugar de encontrarse en una prisión ordinaria lo estuviese

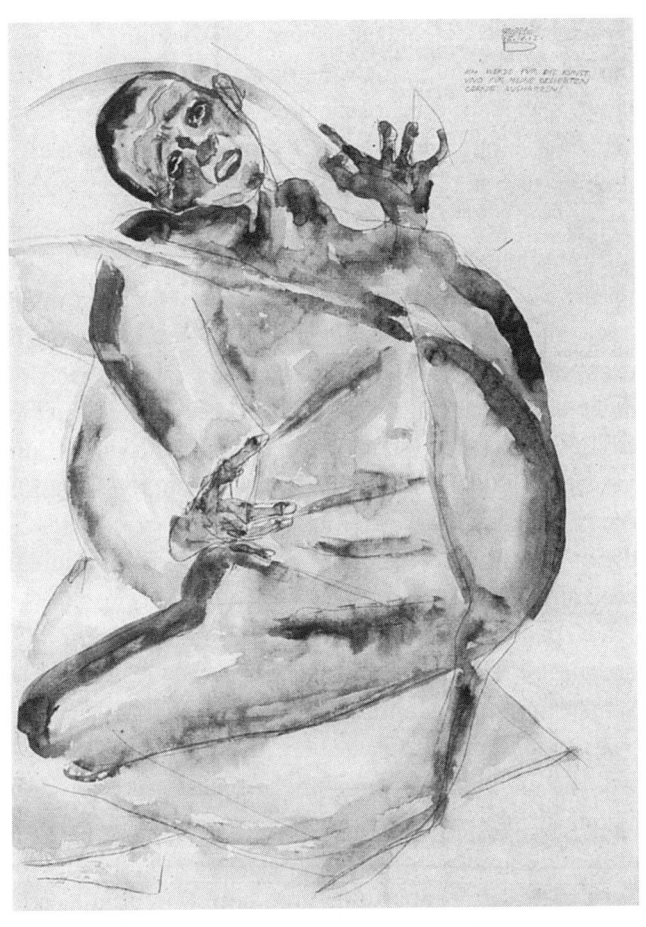

Fig. 12 Egon Schiele, *Preso*, 1912
Graphische Sammlung Albertina, Viena.

en un campo de concentración, de esos que pocos años más tarde harán las delicias de nazis y comunistas por igual. Revelador que Schiele no dispusiese de espejo en su celda; casi que pintaba de la imagen que tenía en su mente, por si las condiciones penitenciarias, aunque duras, no lo eran tanto. Probablemente muy duras no serían, si le dejaban pintar.

Porque la noción que siempre acariciaba de sí mismo como mesías y de su arte como algo sagrado se reverberará entonces, dentro de una obligada catarsis espiritual en la que se interpretaba la reclusión como una purificación espiritual. "No sancionado, sino purificado, es como me siento" fue el título de una de sus acuarelas presidiarias. Era un santo mártir, y los mártires no podían ser castigados. Sus carceleros eran brutales filisteos, los auténticos culpables.

Independientemente de ello, acaso el mayor valor que la ordalía privativa de libertad encendió el espíritu de Schiele no se encuentra tanto en estas piezas como en otra, menos autocomplaciente y más subversiva, interpretada habitualmente como una respuesta ulterior de su psique al mes pasado entre rejas. Parecería que le resulta imposible no descender de lo sacro a lo diabólico, enfoques pretextuales aparte. No me refiero tanto a la obvia *Resurrección*, donde se dibuja como una figura enterrada que se despierta poco a poco, sino a *El cardenal y la monja* (fig.B). En la pintura se retrata vistiendo hábitos religiosos mientras, en una parodia del clásico de Klimt por todos conocido (fig.C), besa apasionadamente a una monja que no es otra que Wally, su amante. Una obra que sin duda resultaría especialmente sacrílega en la muy católica Austria de aquellos años. El principio de la alegoría no es cosa de broma para Schiele, sacerdote del arte, que plasmaba a Wally Neuzil como su acólita en los misterios últimos y en la comprensión del verdadero piélago, que de lo espiritual caía a lo material. Nada de esto era del todo nuevo en el terreno de la pintura simbólica, más aún en lo que a Klimt y a la Secesión se contaba; eran los medios expresivos los que terminaban de disparar la fuerte base conceptual. Aquí estructura la composición mediante una pirámide que parece condensar, a base de unas líneas como fórceps, toda la pasión prohibida –me encanta la mirada furtiva de la monja, rompiendo la cuarta pared– en una escena de nocturnidad que barre con los fondos dorados de Klimt. La gama cromática no puede ser más expresiva, ya que se reduce a los dos colores necesarios: rojo y negro, amor y muerte. Buen marco para esta recalcitrante pareja, ubicada en un espacio indeterminado donde se encuentra flotando a la vez que apresada por la moral, cual zarpa cargada de la tensión del abrazo.

Se ha dicho que tras el episodio de la encarcelación Schiele se volverá más casto en su obra, más pacato en la representación erótica del desnudo. Yo no estoy tan seguro. Es posible que trate de establecer cierta distancia estética a base de incidir en poses más forzadas, con composiciones angulares que tienden a impostar una geometría que quizá pueda implicar algo de infección cubista… En todo caso, esto le hace coquetear con las mecánicas abstractas a la vez que irá proporcionando más volumen a las figuras a costa de cierta deshumanización que les hace parecer marionetas suspendidas por hilos, danzando en el vacío.

Tampoco esto será una tónica, sino detalles concretos en una obra donde se cohesionan rasgos técnicos ya vistos en una madurez veloz y definitiva. De todos modos no le quedaba mucho tiempo por delante para terminar de evolucionar. La línea, su principal instrumento, era un fin en sí misma, como le sucedía a Klimt. El dibujo partía de ser concebido como un género artístico autónomo que arrastraba de forma implícita ese concepto de lo inacabado… Y de transformar la curva en ángulo sin que por ello, *oh meraviglia*, lo apolíneo se imponga a lo dionisíaco. La blandura humana es perfilada mediante una línea dura casi independiente al cuerpo que engloba, lo cual acentúa los rasgos sexuales y la fuerza telúrica que late en ellos. Tenemos fascinación sobre los estados de la materia, a base de manipular carnes bajo la pulsión erótica… Sin llegar tan lejos, a veces me recuerda a Dalí, con su recua de obsesiones sobre la muerte, lo podrido, lo duro y lo blando. Las oposiciones entre dureza y blandura, al igual que en el binomio líquido/seco, contrapuesto de forma semántica lo primero y estructural lo último. Atracción y agresión, que señalaría Freud… En Dalí las confrontaciones van a dar a luz a un universo de enigmas y metáforas relacionadas a la excrecencia fálica, donde lo blando no es un valor en sí, sino dentro de su ensamblaje con lo duro. Para Schiele, también víctima y verdugo de sus metáforas personales, es como si el principio técnico apolíneo sirviese para encumbrar lo demónico… Omitiendo trazos cuando le viene en gana y con ello llevando a cabo una suerte de efecto de espacio negativo donde el ojo del espectador, ya exacerbado, acaba de completar la figura. ¿Hay mayor sublimación en nuestro querido *voyeur*?

Una imaginería a la carta que no dejaba de lado el color. La cuestión, como hemos visto en el cuadro del cardenal y la monja, era terminar de emanciparlo de Klimt. No era tarea sencilla… Si sus primeras obras traen resemblanza con tapices de formas rectangulares que van surgiendo por un entramado de líneas cruzadas, la experimentación con la línea otorgará al color una vida particular. Un hálito que se caracterizará por ese esparcimiento errático e inusual, muy distinto a las suaves superficies que Klimt daba en tejer, cual araña. Las tonalidades tienden a evocar esos magníficos "colores de la descomposición" que tanto rechazo le suscitaban a Armin Friedmann, si bien irán torciendo su cariz en sus últimos años, cuando las manchas adquirirán una cualidad abstracta que patalea absurdamente en vano intento de desprenderse de la forma. Yo creo que nunca pudo dejar de lado el poder expresivo de la línea para otorgar primacía a la calidad física del color, como sostienen algunos críticos.[29] Schiele gustaba de bailar en un equilibrio donde el trazo era en unas ocasiones cable de acero y en otras hilo de seda; los colores bullían en sus márgenes, retorciéndose con una vida insaciable que habría hecho las delicias de un buen entomólogo.

Los años que le restaban de vida se echaron encima como un torbellino con el que bregar, apenas repuesto de su incidente carcelario y ya cohesionada su técnica para gusto de unos y desmayo de otros. La Gran Guerra de 1914, aquel evento aniquilador que iba a limpiar Europa y cuyo inicio fue celebrado con fanfarrias por tantos y tantos artistas de vanguardia, apenas tuvo impacto en Schiele, por lo menos de primeras. Siempre había tenido una salud delicada, merced a un problema cardíaco congénito, por lo que evitó el alistamiento en primera instancia ganando un tiempo precioso. Este respiro lo empleó como pudo, tratando de ordenar su vida y sobre todo sus problemas financieros, como siempre incólumes. Gracias a un par de consistentes patrones que casi

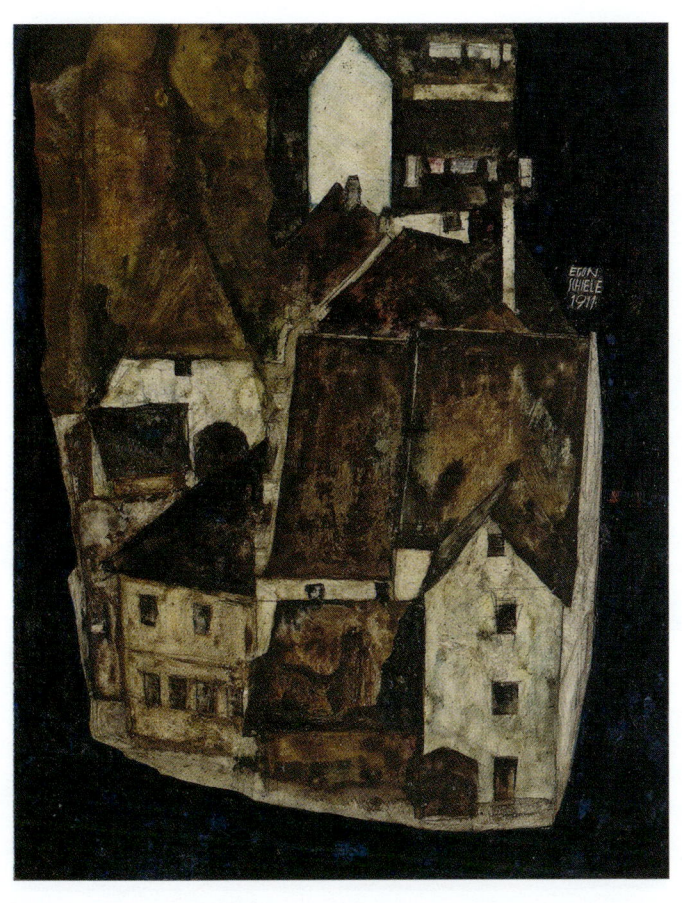

Fig. A Egon Schiele, *Ciudad muerta III*, 1911
Viena, Colección privada..

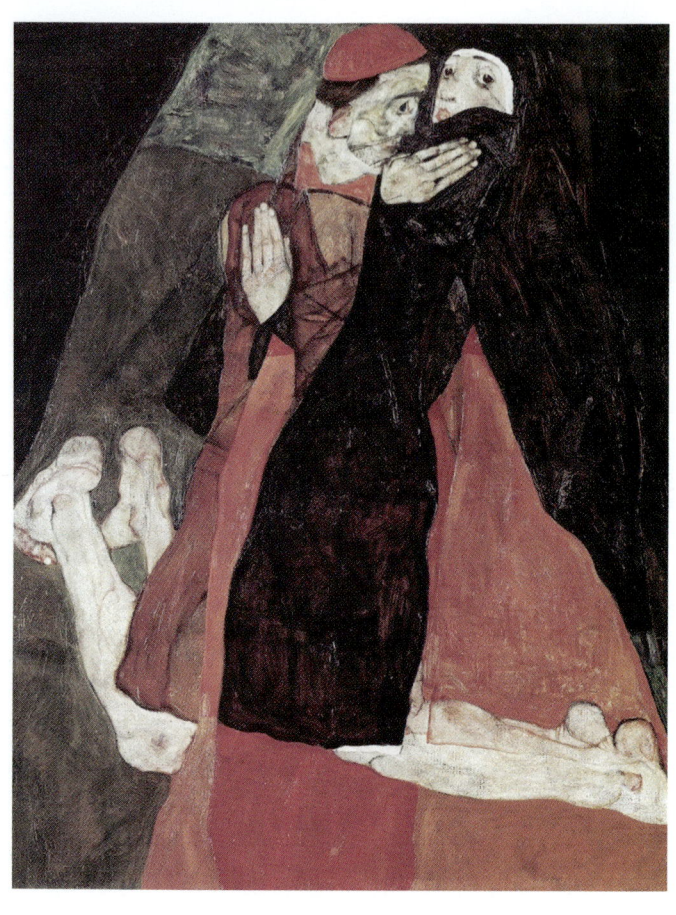

Fig. B Egon Schiele, *El cardenal y la monja* (detalle), 1911
Viena, Colección privada.

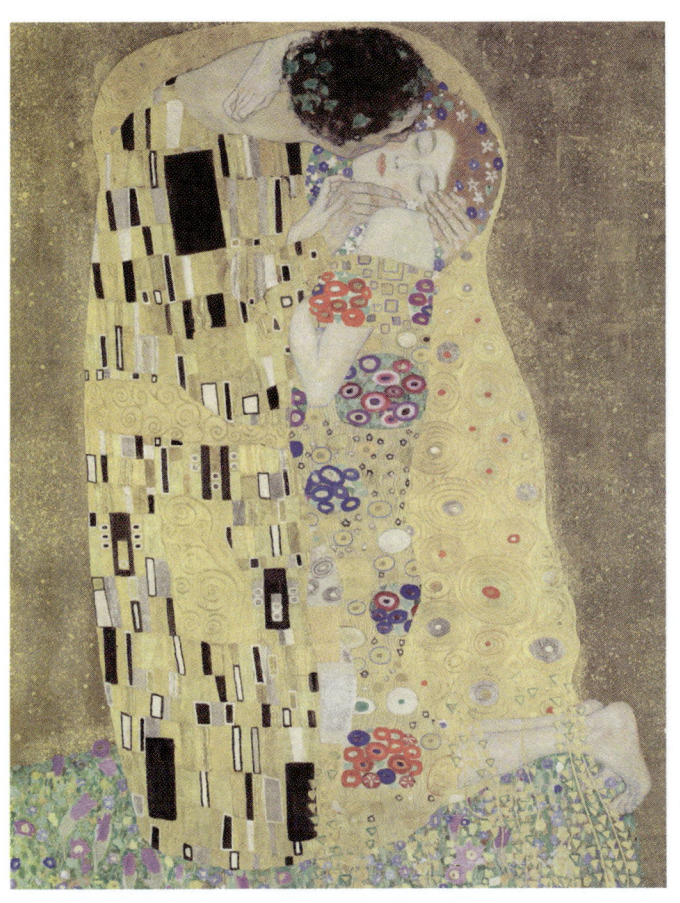

Fig. C Gustav Klimt, *El beso* (detalle), 1908
Österreichische Galerie, Viena.

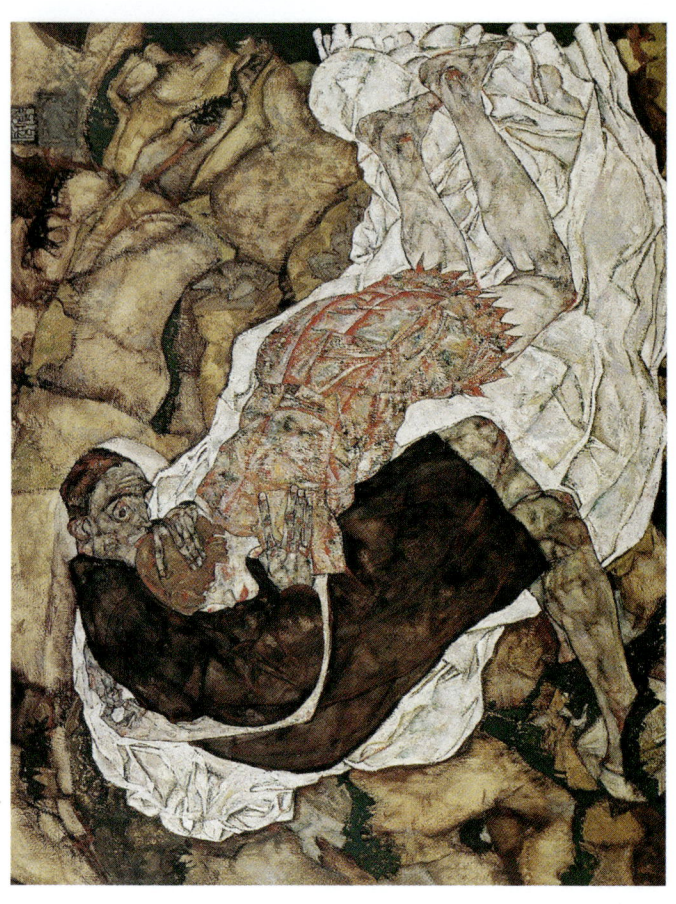

Fig. D Egon Schiele, *La muerte y doncella*, 1915
Österreichische Galerie, Viena.

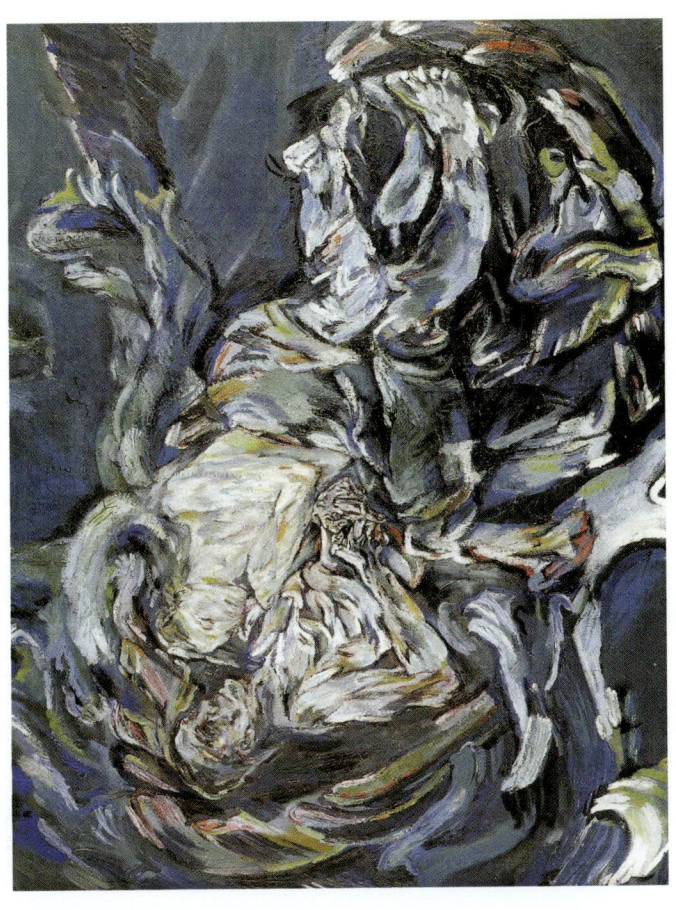

Fig. E Oskar Kokoschka, *La novia del viento*, 1914
Kunstmuseum, Basilea.

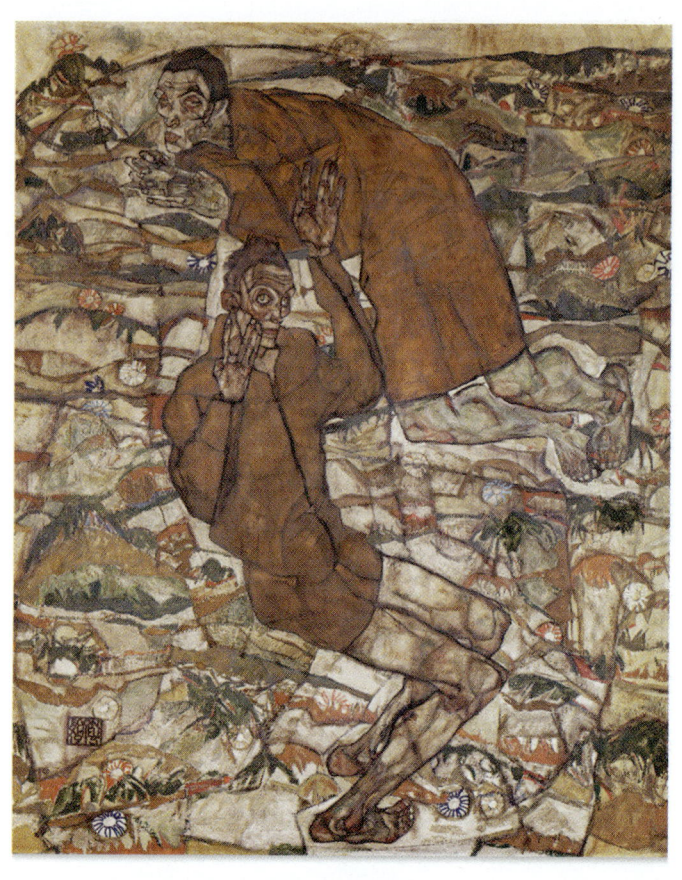

Fig. F Egon Schiele, *Transfiguración*, 1915
Leopold Museum, Viena.

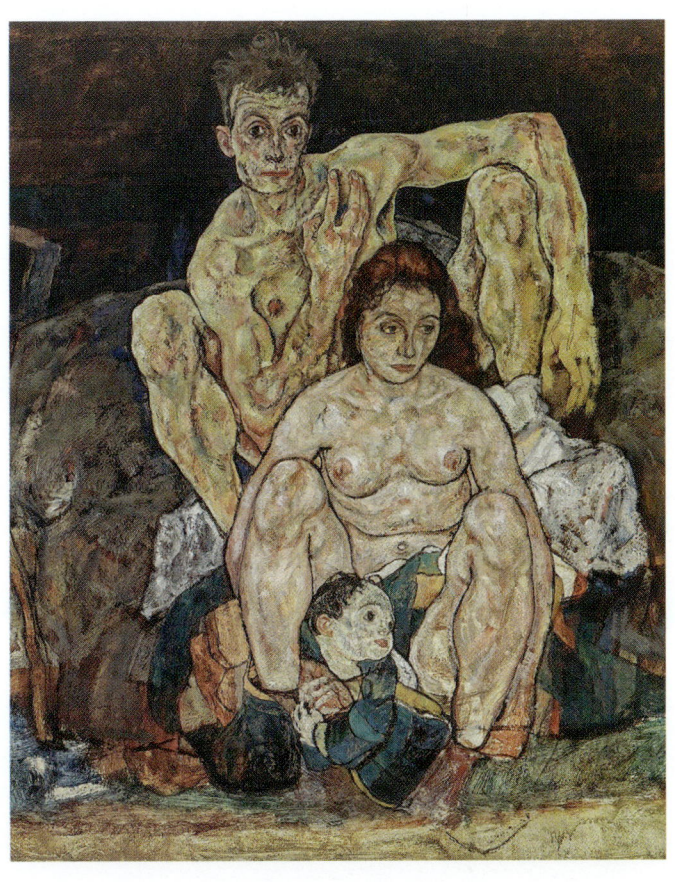

Fig. G Egon Schiele, *La familia* (detalle), 1918
Österreichische Galerie, Viena.

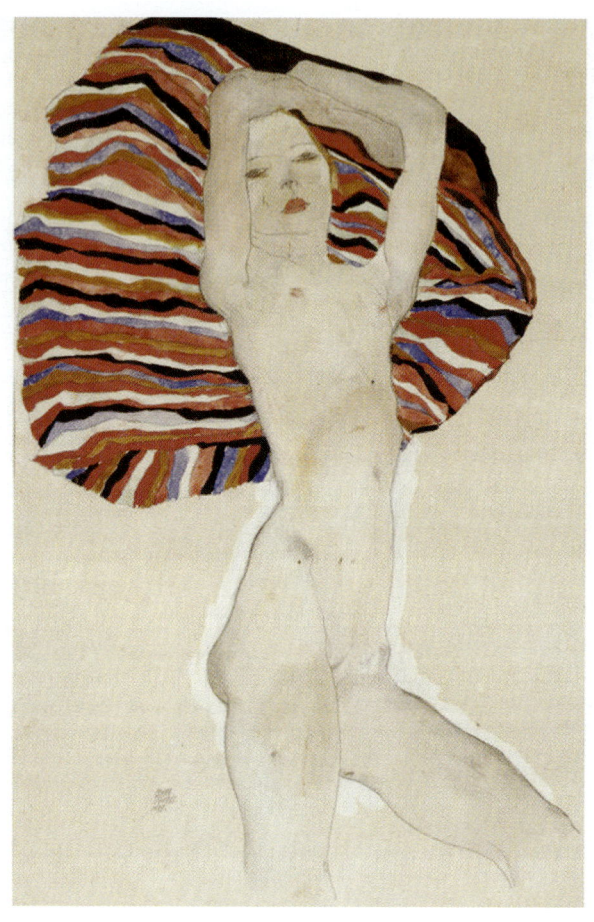

Fig. H Egon Schiele, *Desnudo contrastado con tela de colore*s, 1911, Viena, Colección privada.

parecían actuar *in loco parentis*, léase Benesch y Roessler, pudo ir sobrellevando crisis tras crisis hasta alcanzar cierta estabilidad; al fin y al cabo en 1914 contaba veinticuatro años, con todo lo que esto implicaba a nivel de gasto. No obstante, ya contaba con un espectro expositivo muy amplio en el que enmarcar una obra procaz, por lo que tampoco podemos atribuir a la suerte que acabase trabajando con Heinrich Böhler. Este interesante individuo pagó sus gastos en los primeros tiempos de guerra, terminando asimismo de catapultarle hacia cierto *status* artístico.

El vértigo y sus volteretas con el tiempo parecieron hacerle aún más mella entonces. Como si de algún modo se sometiese de repente a un autoengaño derivado de la percepción del fin último, pareció caer bajo el imperativo del *establishment* cuando dejó a Wally Neuzil, su compañera, amante y musa hasta el momento, para contraer matrimonio con una pequeña burguesa no demasiado fuera del margen, Edith Harms. Fue en 1915, el mismo año en que finalmente hubo de incorporarse a filas. Por supuesto, no dejó a Wally así como así… Incluso cuando Edith plantó pie en pared, exigiendo el final abrupto de la relación con su amante, Wally siguió siendo parte esencial de la vida de Schiele. Incluso exigió una suerte de compromiso paralelo. El pintor, tras mucho devanarse los sesos, quedó con ella en un café y le presentó un documento al que poco le faltaba el selló de un notario. En él se fijaba el espacio de su nueva relación: unas vacaciones anuales que se veían "obligados" a compartir. Eso y un bizcocho. Resulta comprensible que ella, tras echar un vistazo al contrato, se largase del café dando un portazo. La vida, que pocas concesiones suele otorgar a la cinematografía romántica, hizo que jamás volvieran a verse. Para ambos la manecilla del reloj corría ya a toda leche; Wally Neuzil se uniría a los voluntarios de la Cruz Roja poco después, sólo para morir de fiebres en 1917.

Pensar que Schiele llevó sin mácula emocional todo este asunto resultaría un tanto ingenuo. Durante el periodo de transición de Wally a Edith llevó a cabo numerosos estudios y pinturas representando el binomio hombremujer, mujer-mujer o mujer-niño. En el cuadro (fig.D) vemos una pareja abrazada donde Egon personificaría a la muerte en una alegoría tan del gusto del pintor; los amantes se abrazan de forma rígida, espasmódica incluso, pese a que ambos saben que su relación está condenada. Sobre todo lo sabe él, que se dibuja en el cuadro con ojos glaucos, vidriosos, como si fuese un cadáver cuarteado que abraza lo que ya se ha ido. Ese cuarteamiento, al igual que el uso de una paleta cromática que sugiere menos putrefacción y más momificación, me trae a la cabeza una especie de tránsito de la carne al fósil en un proceso continuo de deformación, desecación y pérdida general de los límites en la que los cuerpos pasan a ser huellas, no ya del paisaje, sino del erial de la existencia bajo el arado del tiempo.

Otra interpretación podría incidir en algo más estático, en un patrón donde la energía masculina y femenina danzan en bucle con la iconografía de esas fuerzas paralelas que se cohabitan de forma inherente, la muerte y la vida. En estas lides entraría el paralelismo –obvio, por otra parte– con el cuadro de Kokoschka *La novia del viento*, de 1914 (fig.E). Para Kokoschka el problema originario de la sociedad nace de la relación hombre-mujer, íntimamente relacionado al amor y muerte, que a fin de cuentas también para él son vasos comunicantes. Su composición de los amantes que se abrazan con abandono está marcada por una angustia indefinible en plena tormenta. Una tormenta que no sabemos si está formada por su destructiva pasión por Alma Mahler o por la Gran Guerra que tenían encima, bastante tormentosa de por sí. Tal vez por la misma tragedia de una especie humana huérfana de Dios, cuya defunción se hacía más presente que nunca en aquellos días. Late esa tremebunda catástrofe que intenta ser sublimada por el coito como experiencia metafísica… No acaba de poder hacerlo, dado que la tragedia con mayúsculas no se sublima así como así, aunque desde luego que un buen polvo ayuda. Schiele lo entiende mejor, dado que en su abrazo se masca la distancia, pese a la proximidad, donde la muerte cubre como una pesada manta de lana, descollando en lo efímero de todo lo demás. Aquí vemos bien cómo Schiele coge la melancolía de Klimt y la pasa al siguiente nivel buscando una vez más la muerte en las raíces del ser. En su seno, donde volvemos a la confusión de un todo ciego, demiúrgico y borboteante, que yo creo más próximo al nihilismo tamizado de escritores como T.S. Eliot que a la poética de Rilke, otro que daba vueltas al arte como vuelta al sustrato último, donde se encierra la verdadera lírica. La cuestión es con qué ropajes se viste.

Schiele no dejó de vestir las prendas de la alegoría casi hasta el final. Cuando en 1915 pinta su *Transfiguración* (fig.F), vuelve a abrazar el tema del doble dentro del elemento cuasi religioso, toda vez que en esta ocasión la ambivalencia tan habitual en él parece centrarse en el rito de paso, de la juventud a la edad adulta. Trascendencia y elevación espiritual quieren asociarse, barra de hierro mediante, a la ascensión a los cielos de su yo adolescente. Todo mientras su nueva identidad como adulto responsable se queda en tierra. Curiosamente el adulto está ciego; ciego para sí mismo, dentro de ese intento de bilocación de su pasado y su presente, con la psique del artista en un brete entre las zarpas del tiempo.

Ese mismo tiempo, divinidad amarga, rencorosa e inexorable en su castigo, nos detesta a todos. Tal vez más aún a los que perciben el correr de los granos de arena en la clepsidra y tratan de encontrar coherencia existencial mientras se apresuran, ciegamente, en apurar la copa. Nunca sabremos si aquellos últimos años de Schiele eran realmente propios a aquel que deja atrás a su ser de antaño mientras sienta la cabeza como la sociedad se lo exige. Yo tengo mis dudas. En cualquier caso, el destino pareció irle al encuentro cuando al fin obtenía un reconocimiento a la altura de sus expectativas.

En febrero de 1918 Klimt murió debido a las complicaciones que había arrastrado tras un derrame cerebral. Por entonces Schiele parecía dispuesto a recoger el testigo como el más preeminente artista austríaco; la Secesión había solicitado su membresía apenas un año antes y ahora acompañó la oferta con un bocado irresistible, que no era otro que el encargarse de organizar su nueva exposición. No sólo eso, sino que sería aquel con más obras expuestas y se le otorgaría –o se lo otorgaría él mismo, que a fin de cuentas era quien llevaría la batuta– la sala central. Schiele aceptó y las críticas fueron casi sin excepción muy favorables, aunque algunos de los otros artistas clamaron que se había quedado con todo el protagonismo para sí. Pero a fin de cuentas, ¿qué diablos sabrían ellos? La exposición fue el espaldarazo definitivo para Schiele, a quien parecía sonreírle la fortuna. En parte fue debido a que el fin de la guerra había terminado de abrir fronteras artísticas, por no hablar de la gestación de un clima moral más relajado, ya de antemano más permeable a las bondades de la vanguardia que unos años antes. Tampoco podemos obviar que su pintura se había trocado algo más accesible, priorizando en sus retratos cierta dulzura humanista frente a la violenta turbiedad característica de sus frenéticas y sublimes acuarelas.

Al tiempo, con quien llevaba jugando al gato y al ratón su breve existencia, todos estos detalles le importaban bien poco. Cual avezado cazador que jamás pierde de vista su objetivo, ya se aprestaba a cobrar la pieza. No lo había hecho en la Gran Guerra, pues le destinaron a las proximidades de Viena y nunca se trasladó al frente. Pese a ello, el futuro inmediato le guardaba alguna que otra sorpresa. En abril de 1918 su mujer descubrió que estaba embarazada y el pintor, que siempre se había sentido fascinado por todo lo relacionado con la procreación y su doble cara, iba a degustar todo ello de primera mano. La contraposición entre mortandad y maternidad planea en su última gran obra, *La familia* (fig.G), donde nos muestra una estampa que de nuevo remite a lo sagrado, ahora a María, José y el niño. Dentro del sempiterno discurso de género tan pertinaz en nuestros días, hay quien opina que la estructura de esta obra es muy convencional, haciendo referencia a la relación entre sexos, con la figura del padre protector y demás. La cruda verdad es que me resulta irrelevante. La composición se trae más miga, y de convencional tiene poco, con el autorretrato abrazando una gestualidad simiesca y la mujer en cuclillas que casi parece haber defecado al niño. Como en otras obras, aquí seguimos dando vueltas al ciclo eterno, sin que el infante defecado transmita hálito redentor ni otorgue esperanza para una pareja que apenas parece ser consciente de la presencia del otro. No hay redención aquí, sólo un patetismo triste y cómico a la vez. Aunque Schiele había tamizado su estilo, sigue sin poder evitar descender de arriba abajo, pues el trío es nuevamente una afrenta a la belleza y a la forma clásica, en términos estéticos formando un espectáculo diabólicamente inmundo. Los cuerpos son dominios a la deriva, donde cualquier atisbo de control es ilusión; los tres parecen prestos a ser deconstruidos y sus fronteras vulneradas por la acometida de la muerte, con su inevitable putrefacción física. Schiele parece consciente de que esa falta de control va más allá: resume al hombre basando su existencia en una falta de estabilidad definitiva e irreversible, donde lo seguro es la deconstrucción última… Porque la verdad es que en este cuadro no puedo dejar de ver la sombra de la Parca y la semejanza de la familia a una recua de cadáveres, en un territorio donde sólo queda disolverse y desaparecer. ¿Es el arte lo único que puede perdurar, a costa de todo lo demás?

Un anuncio certero, quizá. En el verano de 1918 Edith es internada en un hospital sanitario, que poco pudo hacer –probablemente lo contrario– para protegerla de las malas condiciones con las que Viena abrió los brazos a la gripe española, que entró en la capital austríaca galopando como un caballo loco. Habiendo contraído la enfermedad en octubre, murió en apenas una semana. Por entonces Schiele ya estaba contagiado también. Anton Peschka fue uno de los últimos en hablar con él mientras todavía albergaba algo de lucidez, tratando de confortarle al traer noticias de que los gerifaltes que sostenían lo que quedaba del conflicto armado estaban a punto de firmar la paz. "La guerra va a acabar", cuentan que gimió Schiele, "Y yo debo irme".[30]

Probablemente la conciencia de la muerte le atravesó hasta el mismo final. Trágico, pero incapaz de oclusionar la potestad de su obra artística, donde latían las grandes y terribles materias de la existencia. Palpitaban bajo la inversión de los valores, dentro de un transcurso de la infancia a la adultez que parecía destinado a acabar justo a las puertas: *coitus interruptus*. Dentro de la tragedia, es bastante coherente que un artista tan marcado por su juventud muriese en el preciso momento que empezaba a dejarla atrás. En el fin de la partida, con un guiño amable, el tiempo dejó un palimpsesto en el que encumbrar la esencia de su arte. Habría resultado inquietante que Schiele se plantase con noventa años, senil e impotente, con barriga flácida y piernas como alambres, habiendo olvidado lo que significaba ver bailar al *Eros* con el *Thanatos*. Con todo, habrá a quién todavía le sea difícil percibir de forma clara la unidad de la muerte, o de su conciencia, con el erotismo que marca al pintor. El acontecimiento erótico, como decía Bataille, representa la cima de la vida en su energía e intensidad, reproduciéndola hasta alcanzar el delirio extremo… Parecería lo contrario a la mano de la muerte, que a todos nos condena, más tarde o más temprano, a la quietud balsámica de la corrupción. Pero es precisamente porque somos humanos, conscientes de nuestra mortalidad, que podemos conocer de verdad la violencia desesperada del erotismo y de su hermana fea, la pornografía. El arte parece ser la única cosa que se mantiene a salvo del silencio, abrazando el doble significado.

De ese mismo silencio Egon Schiele pudo escapar sin problemas. Naturaleza febril, nervios y sangre, saltando fosos en el deseo de conciliar opuestos, Schiele acabó sus días frente a las incógnitas básicas de la condición humana: ¿Qué significa vivir, amar, sufrir, morir? Difícil dar respuesta a tales preguntas… Aunque en ocasiones basta con hacerlas.

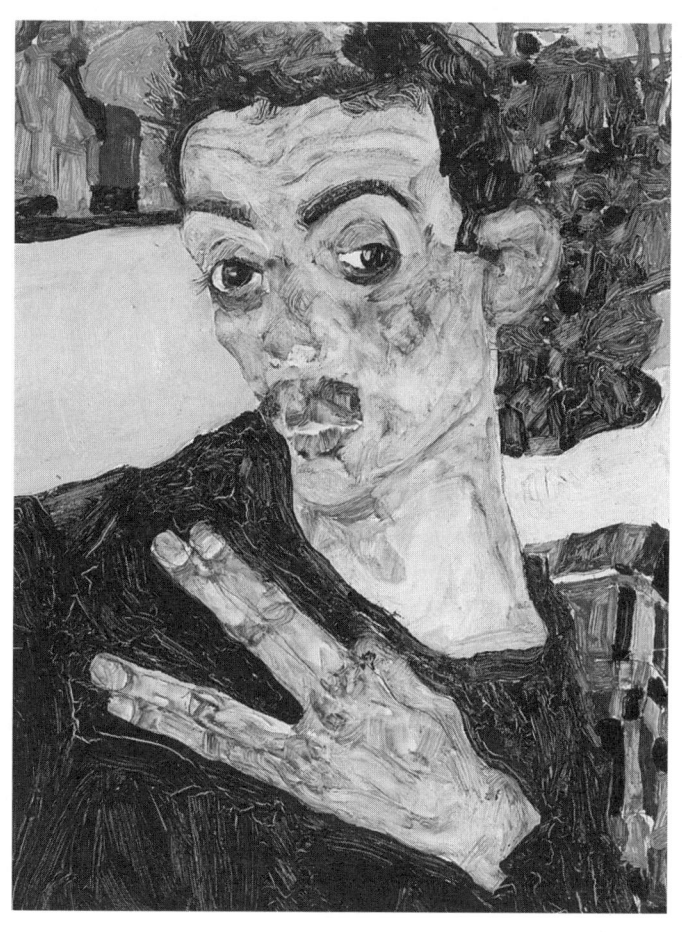

Egon Schiele, *Autorretrato* (detalle), 1911
Vienne Museum, Viena

1. Lichtenberg, Georg, *Aforismos*, Edhasa, Barcelona, 1990, pg. 51-52

2. González García, Ángel, *El resto. Una historia invisible del arte contemporáneo*. Bilbao, Museo de Bellas Artes & Museo Reina Sofía, 2000, pg. 275

3. *Ibid*. Pg. 276

4. Recordemos que la llamada "gripe española" acabó con 25 millones de personas en cosa de un suspiro. El Covid, ese triste patógeno castrado en un laboratorio, no es ni siquiera una broma en comparación.

5. Apollinaire, Guillaume, "Le jeune Picasso, peintre" (*La Plume*, Paris, 15 mayo de 1905)

6. Clark, Kenneth, *El desnudo*. Madrid, Alianza Forma, 1996, pg. 53

7. Citado en Artinger, Kai, *Schiele*, K. Verlagsgesellschaft, 1999, pg. 16

8. Argan, Giulio Carlo, *El arte moderno* (1º vol.) Valencia, Fernando Torres editor, 1976, pg. 259

9. Citado en Artinger, *op.cit.*, pg. 28

10. Bataille, Georges, *Las lágrimas de Eros*, Barcelona, Tusquets, 1997, pg. 41

11. Clark, *op.cit..*, pg. 18

12. *Ibíd*, pg. 21

13. Véase su *Pornographic Art*, en *Pilosophy and Literature* 25 (2001): 31-45

14. Levinson, Jerrold, *Contemplar el arte. Ensayos de estética*. Madrid, Machado Libros, 2015, pg. 299-300

15. *Ibíd*, pg.291

16. *Ibíd*, pg. 304

17. Paglia, Camille, *Sexual Personae*, Barcelona, Deusto, 2020, pg. 61

18. Véase Levinson, *op.cit.*, pg. 291

19. Hartmann, Geoffrey, *Beyond Formalism. Literary Essays (1958-1970)*, New Haven, 1970, pg. 23

20. Paglia, *op.cit.*

21. Armin Friedmann para el *Wiener Abendpost*, el 21 de marzo de 1918.

22. Me refiero obviamente al concepto de *abyección* según fue iniciado por Bataille y objeto de la reelaboración de Julia Kristeva que todos conocemos.

23. Véase Pedraza, Pilar, *Brujas, sapos y aquelarres*, Madrid, Valdemar, 2023, pg. 216

24. Paglia, *op.cit.*

25. Huelga decir que los innumerables cuadros de la segunda mitad del XIX representando mujeres dormidas, atacadas por la "sublime consunción" o sospechosamente exhaustas, son asimismo un ejemplo demasiado obvio de la naturaleza voyeurística de la que vengo hablando.

26. Citado en Artinger, *op.cit.*, pg. 44

27. *Ibíd*.

28. Djikstra, Bram, *Idols of Perversity*, NY, Oxford UP. 1986, pg. 191

29. Véase Artinger, *op.cit.*, pg. 39

30. Citado en Kallir, Jane, *Egon Schiele*, Londres, Thames & Hudson, 2003, pg. 447

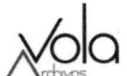

D.H. Lawrence:
Cézanne, la manzana y la verdad

Juan Francisco Pastor Paris:
Ruinas: poética y estética de lo sublime

César Barrio:
Lo que no se ve: contenido de la obra de arte

André Gide:
Oscar Wilde: in memorian

Wilhelm Dilthey:
Satanás en la poesía cristiana

Sigmund Freud - E.T.A. Hoffmann:
Lo siniestro - El hombre arena

W.B. Yeats:
William Blake: la imaginación y el simbolismo

Griselda Pollock:
Mary Cassatt, pintora impresionista

Piet Mondrian:
La pureza de la pintura: nuevo realismo y arte abstracto

Juan Francisco Pastor Paris:
Femme fatale, imágenes de la bella diabólica

William Blake:
El libro de Urizen

Rainer Maria Rilke:
Auguste Rodin, cartas al maestro

Galileo Galilei:
El Infierno de Dante